近代精神文化系列

出版史话

A Brief History of Publication Industry in China

刘俐娜 / 著

社会科学文献出版社
SOCIAL SCIENCES ACADEMIC PRESS (CHINA)

图书在版编目（CIP）数据

出版史话/刘俐娜著. —北京：社会科学文献出版
社，2011.8
（中国史话）
ISBN 978 - 7 - 5097 - 2524 - 5

Ⅰ.①出… Ⅱ.①刘… Ⅲ.①出版工作 - 文化史 - 中
国 - 近现代 Ⅳ.①G239.295

中国版本图书馆 CIP 数据核字（2011）第 131387 号

"十二五"国家重点出版规划项目

中国史话·近代精神文化系列

出版史话

著　者／刘俐娜

出 版 人／谢寿光
总 编 辑／邹东涛
出 版 者／社会科学文献出版社
地　　址／北京市西城区北三环中路甲 29 号院 3 号楼华龙大厦
邮政编码／100029

责任部门／人文科学图书事业部（010）59367215
电子信箱／renwen@ssap.cn
责任编辑／孙以年
责任校对／黄　丹
责任印制／岳　阳
总 经 销／社会科学文献出版社发行部
　　　　　（010）59367081　59367089
读者服务／读者服务中心（010）59367028

印　装／北京画中画印刷有限公司
开　本／889mm×1194mm　1/32　印张／5.75
版　次／2011 年 8 月第 1 版　　字数／105 千字
印　次／2011 年 8 月第 1 次印刷
书　号／ISBN 978 - 7 - 5097 - 2524 - 5
定　价／15.00 元

总　序

　　中国是一个有着悠久文化历史的古老国度，从传说中的三皇五帝到中华人民共和国的建立，生活在这片土地上的人们从来都没有停止过探寻、创造的脚步。长沙马王堆出土的轻若烟雾、薄如蝉翼的素纱衣向世人昭示着古人在丝绸纺织、制作方面所达到的高度；敦煌莫高窟近五百个洞窟中的两千多尊彩塑雕像和大量的彩绘壁画又向世人显示了古人在雕塑和绘画方面所取得的成绩；还有青铜器、唐三彩、园林建筑、宫殿建筑，以及书法、诗歌、茶道、中医等物质与非物质文化遗产，它们无不向世人展示了中华五千年文化的灿烂与辉煌，展示了中国这一古老国度的魅力与绚烂。这是一份宝贵的遗产，值得我们每一位炎黄子孙珍视。

　　历史不会永远眷顾任何一个民族或一个国家，当世界进入近代之时，曾经一千多年雄踞世界发展高峰的古老中国，从巅峰跌落。1840 年鸦片战争的炮声打破了清帝国“天朝上国”的迷梦，从此中国沦为被列强宰割的羔羊。一个个不平等条约的签订，不仅使中国大量的白银外流，更使中国的领土一步步被列强侵占，国库亏空，民不聊生。东方古国曾经拥有的辉煌，也随着西方列强坚船利炮的轰击而烟消云散，中国一步步堕入了半殖民地的深渊。不甘屈服的中国人民也由此开始了救国救民、富国图强的抗争之路。从洋务运动到维新变法，从太平天国到辛亥革命，从五四运动到中国共产党领导的新民主主义革命，中国人民屡败屡战，终于认识到了"只有社会主义才能救中国，只有社会主义才能发展中国"这一道理。中国共产党领导中国人民推倒三座大山，建立了新中国，从此饱受屈辱与蹂躏的中国人民站起来了。古老的中国焕发出新的生机与活力，摆脱了任人宰割与欺侮的历史，屹立于世界民族之林。每一位中华儿女应当了解中华民族数千年的文明史，也应当牢记鸦片战争以来一百多年民族屈辱的历史。

当我们步入全球化大潮的 21 世纪，信息技术革命迅猛发展，地区之间的交流壁垒被互联网之类的新兴交流工具所打破，世界的多元性展示在世人面前。世界上任何一个区域都不可避免地存在着两种以上文化的交汇与碰撞，但不可否认的是，近些年来，随着市场经济的大潮，西方文化扑面而来，有些人唯西方为时尚，把民族的传统丢在一边。大批年轻人甚至比西方人还热衷于圣诞节、情人节与洋快餐，对我国各民族的重大节日以及中国历史的基本知识却茫然无知，这是中华民族实现复兴大业中的重大忧患。

中国之所以为中国，中华民族之所以历数千年而不分离，根基就在于五千年来一脉相传的中华文明。如果丢弃了千百年来一脉相承的文化，任凭外来文化随意浸染，很难设想13亿中国人到哪里去寻找民族向心力和凝聚力。在推进社会主义现代化、实现民族复兴的伟大事业中，大力弘扬优秀的中华民族文化和民族精神，弘扬中华文化的爱国主义传统和民族自尊意识，在建设中国特色社会主义的进程中，构建具有中国特色的文化价值体系，光大中华民族的优秀传统文化是一件任重而道远的事业。

当前，我国进入了经济体制深刻变革、社会结构深刻变动、利益格局深刻调整、思想观念深刻变化的新的历史时期。面对新的历史任务和来自各方的新挑战，全党和全国人民都需要学习和把握社会主义核心价值体系，进一步形成全社会共同的理想信念和道德规范，打牢全党全国各族人民团结奋斗的思想道德基础，形成全民族奋发向上的精神力量，这是我们建设社会主义和谐社会的思想保证。中国社会科学院作为国家社会科学研究的机构，有责任为此作出贡献。我们在编写出版《中华文明史话》与《百年中国史话》的基础上，组织院内外各研究领域的专家，融合近年来的最新研究，编辑出版大型历史知识系列丛书——《中国史话》，其目的就在于为广大人民群众尤其是青少年提供一套较为完整、准确地介绍中国历史和传统文化的普及类系列丛书，从而使生活在信息时代的人们尤其是青少年能够了解自己祖先的历史，在东西南北文化的交流中由知己到知彼，善于取人之长补己之短，在中国与世界各国愈来愈深的文化交融中，保持自己的本色与特色，将中华民族自强不息、厚德载物的精神永远发扬下去。

《中国史话》系列丛书首批计 200 种，每种 10 万字左右，主要从政治、经济、文化、军事、哲学、艺术、科技、饮食、服饰、交通、建筑等各个方面介绍了从古至今数千年来中华文明发展和变迁的历史。这些历史不仅展现了中华五千年文化的辉煌，展现了先民的智慧与创造精神，而且展现了中国人民的不屈与抗争精神。我们衷心地希望这套普及历史知识的丛书对广大人民群众进一步了解中华民族的优秀文化传统，增强民族自尊心和自豪感发挥应有的作用，鼓舞广大人民群众特别是新一代的劳动者和建设者在建设中国特色社会主义的道路上不断阔步前进，为我们祖国美好的未来贡献更大的力量。

陈奎元

2011 年 4 月

⊙ 刘俐娜

作者小传

刘俐娜，1958 年生，河南焦作市人。1983 年毕业于北京师范大学历史系，获学士学位。2003 年毕业于中国社会科学院研究生院，获博士学位。现任中国社会科学院近代史研究所研究员，从事中国近现代史学史、学术思想史研究。主要论著有《由传统到现代——论中国史学的转型》、《顾颉刚学术思想评传》、《中国民国思想史》、《五四时期史学思潮新探》、《论顾颉刚的史料学思想》、《晚清政治与新史学》等。

目 录

引言 ……………………………………………………… 1

一 新印刷技术的传入 ………………………………… 3

二 太平天国的出版物 ………………………………… 10

三 洋务时期的官书局 ………………………………… 16

四 西学东渐与译书热 ………………………………… 21

五 私家译书与两大翻译家 …………………………… 34

六 改良、革命与出版事业 …………………………… 40

七 夏瑞芳与商务印书馆 ……………………………… 48

八 张元济与商务印书馆 ……………………………… 55

九 中华书局与出版竞争 ……………………………… 69

十 开明书店内地卖书 ………………………………… 80

十一 清末民初的出版法 ……………………………… 88

十二　新教育与出版事业 ················· 96

十三　新文化运动与出版 ················· 107

十四　传播马克思主义 ················· 118

十五　一代青年的导师 ················· 129

十六　在刺刀与铁蹄之下 ················· 141

十七　人民出版事业的奠基 ················· 151

参考书目 ················· 160

引 言

　　生活是丰富多彩的。生活之所以丰富多彩，是因为我们每天不仅仅吃饭、睡觉、工作，还要读书、看报、听广播、看电视电影、从事社会交际……总之，除了基本的物质生活，还有丰富的精神生活、文化生活。精神文化生活离不开文字、语言，因此离不开出版。若没有出版，没有图书、画册、杂志、报纸，没有知识的传播，没有文化，生活将是多么单调、沉闷和枯燥无味。当今社会的出版事业，借助电子工业技术，已经达到相当高水平。写作，编辑，排版，印刷，都可以运用计算机操作。出版物由普通的书籍、报纸，扩展到音像制品、盒带唱片、视碟……这一切是几百年前，甚至几十年前想象不到的。然而，几十年前，几百年前……又有那个时代的出版与人们的生活息息相关，同人类社会一起演变。恰如人类社会有从古到今的历史发展，出版事业也有从古到今发展的历史。

　　中华民族有着悠久的文明历史，从某种意义来说，正因为有悠久的出版历史。如果不拘泥"出版"二字的严格涵义，殷商时期出现的甲骨、金文，东周后期出现的简策、版牍，便可以说是出版物了。战国时代手抄复制书籍的出现，满足了社会对一书多本，即一版多书的需要。东汉蔡伦发明纸张，唐代制作雕版，则为出版事业的正式出现准备了条件。其后，宋朝毕昇发明胶泥活字，元代王祯创造木制活字，明朝中期又出现铜制活字。由于出版工具不断改进，出版技术不断提高，才有儒、释、道经典不断出版，才有《太平御览》、《文苑英华》、《册府元龟》、《资治通鉴》、《古今图书集成》、《农政全书》、《天工开物》、《本草纲目》、《三国演义》、《水浒传》、《西游记》、《红楼梦》等等各类经学、史学、文学、农学、医学、科技书籍出版流传。中国古代的出版事业为中华民族文化的绵延流传作出了贡献，也为近现代出版事业的发展奠定了基础。虽然如此，中国近现代出版事业却不能说是在古代出版事业的基础上自然发展起来的。它产生于特殊社会环境，是在近代中西文化交流过程中，中国人学习、引进西方先进文化技术，追求现代化文明的结果。

一 新印刷技术的传入

1807 年 9 月 8 日，美国货船"三叉戟"号抵达广州港，从船上走下来一位年约二十五六岁的青年传教士。他是英国人，名叫马礼逊。由于受到当时垄断中国贸易的英国东印度公司阻挠，他不能从英国直接来华，因此转道美国，在美国国务卿麦迪生的协助下乘上美国货船，到中国后又受到美国驻广州领事卡林顿的接待，住进了美国人设立的商馆。

马礼逊是肩负伦敦基督教会的使命来华的。他最初的任务是了解中国，学习汉语，考察和寻找在中国传播基督教的途径；并且，如果可能的话，将基督教经典《圣经》全书翻译成中文出版。

马礼逊是个勤奋而精干的人，他早年在伦敦曾与一位名叫杨善达的旅英广东人相识，又曾在大英皇家博物馆读到《圣经·新约全书》的中译本和拉丁—中文字典。他把这些资料一一抄录下来。来华后，他一边努力学习汉语，一边试图和东印度公司驻华机构改善关系。不久，他同该公司一位高级职员的女儿结了婚，并接到该公司要他担任翻译的聘请，从而取得了公开活动的合法身份。在此期间，他开始编辑《华英字典》和翻译《圣经》。

1814 年，马礼逊派其助手英国传教士米怜和中国人蔡高、梁发在马来半岛西岸的马六甲设立了一个印刷所。次年，这个印刷所用雕版印刷方法出版了中文杂志《察世俗每月统计传》。每月一期，每期 5 页，最初每期印 500 册，后来增至 1000 册。到 1821 年停刊时共发行了 80 多期。由于杂志出版周期短，雕版费时费力，米怜等人尝试采用西方铅印技术。几年间，雕刻了 20 多万个中文铅字。1819 年，马礼逊和米怜用这套铅字出版了《圣经》新旧约全书。这是基督教，包括天主教、东正教、新教来华传教以来首次翻译出版《圣经》。从 1817 年到 1823 年，马礼逊编纂出版了 6 卷本近 4600 页的《华英字典》。这部仅从《康熙字典》就收进 4 万余汉字加以英译的辞书，亦采用铅字印刷。

马礼逊等人的工作虽然为传播西方宗教，客观上却为沟通中西文化作出巨大贡献。他们用铅字印刷《圣经》和辞书以及刊物，实际上是开启了中文采用铅印技术和西式字模的端绪。

中国古代印刷图书最初是用雕版，后来发明了泥活字、木活字、铜活字，还从来没有过铅活字。铅字印刷，是在中国印刷技术传入西方后，由德国人谷登堡在 15 世纪时发明的。这种技术就字型而言称作欧式活字，就字料和制版方式而言称作活版印刷，针对中国原有的雕版而言称作凸版印刷。这一技术和印刷过程中的机械化，便构成了近现代出版技术的主要内容。

因此，可以说凸版铅印技术的采用，拉开了中国近现代出版史的序幕。

与马礼逊同时或稍后，其他一些外国传教士为了印刷出版教会文件或宣传品，也纷纷带来西方的先进技术。如1834年，美国传教士将在中国找到的一套汉文木刻活字带回波士顿复制成中文铅字，再运回中国。1838年，法国皇家印刷局亦用所得汉文木刻活字浇铸了一套中文铅字。同一年，伦敦教会牧师戴约尔在马六甲英华书院雕刻字模，冲制大、小铜字模。此外，为了适应在华传教和经营报刊，开展教育、宣传等活动的需要，传教士们还创办了一些专门的印刷机构，其中著名的有墨海书馆、美华书馆等。

墨海书馆是英国传教士麦都思创办的。麦都思1835年来华，先后在山东、浙江、福建等地进行传教活动。他曾在马六甲英国教会开办的印书馆工作，并担任过华文刊物《天下新闻》的主编，懂得印刷和出版。1843年，他作为英国驻沪首任领事巴富尔的随行人员来到上海，开办了墨海书馆。这是近代中国第一家拥有近代印刷设备的编辑出版机构，馆内除备有七种型号的英文铅字和两种型号的中文铅字外，最引人注目的是他们的印刷机器。这是一架长一丈数尺，宽数尺的铁制印刷机床，用齿轮带动，以牛来牵引。运作时，由牛牵动主轴转动机器，两名工人司理印事。轰轰声响当中，印出一张张书页，颇令时人惊奇。有人赋诗云："车翻墨海转轮圆，百种奇编字内传。忙杀老牛浑未解，不耕禾陇耕书田。"

　　美华书馆是 1844 年由美国人柯尔在澳门所设基督教长老会书馆发展而来的。该馆 1845 年迁宁波时定名花华圣经书房，1860 年又迁往上海，正式称美华书馆。1858 年，爱尔兰籍人姜别利（一称甘布尔）受美国长老会差遣来华主持美华书馆的印刷业务。姜别利曾在美国费城学习印刷技术，颇通此道。他发现汉文笔画复杂，在字模中镌刻阴文十分困难，于是，发明了电镀制作字模方法。这种方法是选用黄杨木做成活字大小的木片，在木片上刻阳文字，然后放入蜡盒中制成模型，再用电解液将模型镀制出紫铜阴文字，镶入黄铜盒子。这样制作字模，既简单又方便。姜别利用这种方法，制成了大小七种型号的铅字，又按字号大小，把这些铅字分别命名为显字、明字、中字、行字、解字、注字、珍字。书馆大量制造并出售这种铅字，起到了推广先进印刷技术的作用。与此同时，姜别利还请人从《圣经》等 27 种书籍中查寻汉字出现的频率，发现常见的 5150 个汉字中，重复 1 万次以上的只有 13 个字，重复出现 1000 次以上的有 224 个，重复出现不足 25 次的竟有 3715 个。根据这个调查，他将汉文铅字分为常用、备用、罕用三类，设计了一种"元宝式"字架，正面放置 24 盘铅字，中间 8 盘为常用字，上面 8 盘和下面 8 盘为备用字，两旁另置 46 盘罕用字。铅字依《康熙字典》部首排列。排工立于字架正中依序取字。这种方法比元朝王祯发明的转轮取字更为科学方便，大大提高了工效。后来，又经他人改造，行用了 60 年，才被日本式的"统长架"和商务印书馆张元济创造的新式排字架代替。

美华书馆是外国人在中国开设的规模最大，设备最全的印刷机构，工人一度达到 120 多名，除用外文和满、汉文字出版《圣经》和传教书刊外，还印行商业簿册、表报和学校教科书、自然科学书籍，并印刷过中国境内最早的刊物《中外新报》。从 19 世纪 40 年代到 90 年代的 50 多年间，美华书馆共出版各类图书40 万册。在商务印书馆成立之前，它在中国出版行业中一直居于垄断地位。

外国传教士在华开办出版机构，改进印刷手段，大大促进了中国与西方国家在出版方面的交流，推动了中国出版技术的进步。迄 19 世纪中后期，随着凸版铅字印刷的普及，国内原来没有的平版石印、凹版、泥版、纸版（又称纸型）、电镀铜版、石膏版、照相铜锌版、三色版、胶版等技术相继出现。原有的木版和字体，以及铸字方法等也迭经改造。其中特别值得一提的是平版石印技术的引进和印刷机器的改进。

平版石印技术是 1796 年奥地利人施纳飞尔特发明的。施氏早年学习法律，爱好艺术，喜欢作曲，后来继承父业，以演奏为生。因家贫穷，他无力将所作乐曲付诸雕刻铜版印刷，于是尝试自己刊印。在此过程中，他发现表面有小孔的石板涂上油脂之后，可以吸附油墨，而未涂油脂的部分则有吸水性能。以此经过多次试验，终于发明了这种石版印刷术。石版印刷不用刻版，版面光滑平整，故又称平版石印，制版时选用多微孔的石油石。用脂肪性的转写墨直接将图文描绘在石板上，也可以通过转写纸印于石面上。根据水油相拒原理，印刷时，用水润湿版面，压到纸上，有油墨的图文部分便清晰显出。采用这种印刷方法，印出的图文和原型不差毫厘。书版尺寸可以随意扩大缩小，笔迹优美，字画清楚，尤其适于印刷画报。1876年，上海徐家汇天主教会所设的土山湾印书馆最先采用石印技术印刷传教文字。数年后，《申报》主办人英商美查在上海成立了点石斋石印书局，开始运用石印技术印刷《圣谕详解》、《佩文韵府》、《红楼梦图咏》、《镜花缘》以及《康熙字典》等书籍。1884年该局石印出版了《点石斋画报》，开了中国近代出版画报的历史。在点石斋石印书局之后，又相继有上海同文书局、拜石山房、蜚英馆、鸿文书局、积石书局等家石印出版机构出现。其中同文书局有石印机12架，雇用工人500名，专门从事翻印古籍善本图书。其所受总理衙门委托印制的100部《古今图书集成》，费银35万两，耗时3年，工程浩大空前。蜚英馆以巨资购进外国石印蒸汽机十余部，馆内建有若干幢楼房，东西相对，分设总账房、会客厅、总校处、绘图处、裱书处、钞书处等十七八个部门，规模可观，井井有条。

　　彩版石印连同照相技术的传入，还使彩印技术得到了发展。明清之际，国内已有彩色套印和饾版技术。方法是用不同色彩或按色彩深浅的不同程度将墨料涂在多块套板上，逐次印制。虽版面艳丽美观，但工艺复杂，操作不易。光绪年间文明书局和商务印书馆相继引进彩色石印技术，用转写纸或玻璃纸绘画，翻印于石板上，比原有木版套印仿真性强，而较铜版操作方便。后来，商务印书馆又采用美国人输入的彩色照相石印版，将多种颜色的图画影印于一块石板之上，操作更为简单，大大加快了印刷速度。

图书的印制在近代以前都是采用手工方法。宋代沈括在《梦溪笔谈》里记毕昇的活字印刷过程说："作二铁板，一版印刷，一板已自布字，此印者才毕，则第二板已具，更互用之，瞬息可就。"这种"瞬息可就"只是相对而言，终究超不过手工可以达到的极限。自马礼逊等采用欧洲凸版铅字印刷起，机械印刷开始逐步取代手工。最初的印刷机是一种手扳架，因仍用手工上墨，每天只印制数百张。其后出现自来墨架，印制速度加快。1872 年，上海《申报》馆开始使用手摇轮转机，每小时可印数百张，比起手扳架速度快了七八倍。后来又相继采用蒸汽、人力引擎以及电力印刷机，印刷速度可达到每小时 1000 张、1500 张、2000 张。到 1923 年商务印书馆引进德国爱尔白脱公司滚筒印刷机，"两旁出书，并有折叠机，每小时能出双面印8000 张"。而同一时期，申报馆从美国购进的三层轮转机，可以同时印刷 12 张一份的《申报》，每小时 1 万份。用这种新式机器，印刷速度比起手工和最初的印刷机来，速度加快了一二百倍。这就为图书的大量出版创造了条件，奠定了中国近现代机械印刷技术和整个出版事业发展的基础。

二　太平天国的出版物

　　马礼逊在马六甲开办的印刷所中有一个中国人名叫梁发，又称梁阿发。此人生于广东高明，幼时读过村塾，14岁辍学到广州学笔工，继入十三行一家印刷所作刻工。梁发结识马礼逊后，和马的助手米怜及另几个华人一起，被派往马六甲。他在那里受洗加入了基督教，并于1823年成了第一个华人牧师。1832年他以"学善居士"署名编写出版了《劝世良言》一书。书中摘引《圣经》经文，用中国传统道德理想加以解释，宣传拜上帝，敬耶稣，反对崇拜偶像，宣传天堂永乐，地狱永苦等基督教教义。没想到4年后，这本《劝世良言》传到23岁的科举落第青年洪秀全手中，竟引发了轰轰烈烈的太平天国革命运动。

　　洪秀全原名火秀，后因"火"字与当时中译《圣经》中上帝译名"耶火华"的"火"字"犯讳"，改称秀全。他读了《劝世良言》后，产生了一些关于上帝的印象，第二年又一次科考失败后，大病之中梦见他被带到天堂上帝面前。上帝立他为"真命天子"，授予宝剑一柄，命其斩妖诛魔。后来，他和表弟冯云山、堂弟洪仁玕等人一同创立了拜上帝会，发动了金田起义，建立了太平天国革命政权。

从 1851 年金田起义到 1864 年天京失陷十余年间，伴随革命的发展，太平军创办了自己的出版事业。

1851 年 9 月太平军攻占广西重镇永安，在这里据守的半年多时间里，制定官制，分封诸王，颁布军律和历法，印行了第一批文献资料。其中《太平礼制》一书规定了太平军中从最高官阶的诸王到最低官阶的两司马的等级次序、官爵封号称谓及相互间的礼节；《天历》一书用太平天国的历法取代了清朝历法；《奉天讨胡檄布四方谕》、《奉天诛妖救世安民谕》、《救一切天生天养中国人民谕》等短文，集中宣传了太平天国运动的政治纲领。从永安建制到定都天京期间，太平军印制的书籍、文献还有《天父下凡诏书》、《天命诏旨书》、《天条书》、《太平军目》、《太平条规》，等等。其中的《太平诏书》收录洪秀全早年创作的《原道救世歌》、《原道醒世训》、《原道觉世训》3 篇文章。这些文章运用从《劝世良言》传教书中所得的观念，宣传上帝是创造天地、传授真理正道的唯一真神，驳斥各种邪神偶像之说，希望人们遵行上帝旨意，严守"天条"戒律，实现"天下一家，共享太平"的美好生活。这些思想在早期传播拜上帝教过程中曾起到重要的动员革命作用，也成为后来太平天国天下一家，"有田同耕，有饭同食，有衣同穿，有钱同使，无处不均匀，无人不饱暖"大同政治理想的重要来源。

1853 年太平军占领南京，正式建立政权，为进行宣传和教育及满足政治、军事工作需要，成立了专门的出版机构"镌刻衙"和"刷书衙"。镌刻衙又称镌刻营，内设"典镌刻"官4人。刷书衙内有刻书匠400余人，终日从事印刷出版工作。

太平天国的"印书"统称"诏书"，又名"天书"、"圣书"。书上大多盖有天王金玺，上刻有"旨准"二字，故又称"旨准颁行诏书"。书的封面一般刊有初刻年份，封里插页附有"旨准颁行诏书总目"。这个总目是逐年增加的，1852年时有14种，1860年时达到29种。这些书除上面已列出的外，还有《天朝田亩制度》、《颁行诏书》、《天父上帝言题皇诏》、《旧遗诏圣书》、《新遗诏圣书》、《建天京于金陵论》、《三字经》、《幼学诗》、《醒世文》、《天情道理书》、《行军总要》，等等。除此之外，还有后期出版，未在上述29种之内的《资政新篇》、《英杰归真》、《钦定军次实录》、《太平天日》，等等。另外，根据材料记载知有书目尚未发现的印书还有：《练兵要览》、《修正四书五经》、《新诏书》、《诏书》、《忠王会议辑录》等。太平天国出版印书共有60多种，多为洪秀全、冯云山、洪仁玕等所作，也有记载杨秀清、萧朝贵等人军事、政治和宗教活动的，还有《圣经》译本。

除印书外，太平天国还有许多文书是刻印而成的，如《谕苏省及所属郡县四民诏》、《太平天日今日是诏》、《同天同日享永活诏》、《干王……令合朝内外官员书士人等戒浮文巧言喧谕》、《东王……安抚四民诰谕》等等。这些诏告谕文因要求发给官员百姓，需要很多份，故多刻印散发。文书一般篇幅不长，印在大小不等的纸上。印绫或为白纸黄地，或为黄纸，印字或为红字，或为墨字。印纸四周或两边根据发诏谕人的身份高低分别刻有：龙云加双凤朝阳双狮戏珠，龙云海波，龙凤海水，牡丹等花纹。有的文书为使用方便，事先印有抬头，如：

九门御林忠义宿卫军忠王李谆谕

在文书封套正反面刻有衔名、月、日字样和回纹边，类如当代所见的公文纸、信封。有趣的是文书抬头所印诏告的名称根据发诏谕者的爵位官阶而有所不同，如天王洪秀全发的诏谕称作"诏旨"；东王杨秀清发出的布告叫"诰谕"；北王韦昌辉发的布告叫"诚谕"；翼王石达开发的布告叫"训谕"；燕王秦日纲、豫王胡以晃和提督军务的国宗发的布告称"诲谕"，侯、丞相、检点、指挥出的布告称"晓谕"；将军以下出的布告称"札谕"。到太平天国后期，又出现"谊谕"、"谆谕"、"劝谕"、"诲醒"、"咏谕"、"钧谕"、"珍谕"等名称。所有这些反映了太平天国等级制度的森严。

在太平天国出版机构中，还设有删书衙。这是为删改儒家孔孟经书设置的。洪秀全早年读《四书》、《五经》，吸收了其中很多内容。他1844年写的一首《百正歌》就曾以尧、舜、禹、后稷、周文王、孔子为"君正"、"臣正"、"父正"、"子正"的楷模，表彰

"正"的道德，批判桀、纣、齐襄公、楚平王等贪色纵欲的"不正"行为。但也就在这一年，他与冯云山砸毁了村塾中供奉孔子的牌位。其后传播拜上帝教，发动起义的过程中，太平天国领袖对儒家经书采取了一概抛弃的态度。时人曾记下太平天国将士销毁儒家经书的情况："搜得藏书论担挑，行过厕溷（即茅厕）随手抛，抛之不及以火烧，烧之不及以水浇。读者斩，收者斩，买者卖者一同斩。"由于对传统文化采取简单粗暴，一并消灭的做法带来不良后果，从1853年秋起，太平天国政府决定改"尽行焚除"为删书准读。洪秀全亲自删改《诗经》，并于第二年下"删改六经"诏。删书衙就是在这种情况下成立的。删书衙以"独一真神唯上帝"、"不合天情者概从删除"为删书标准。《四书》、《五经》中除《周易》废而不用外，其他涉及鬼神丧祭者尽行删除。书中称呼亦加改动，如在"上帝"二字前面加"皇"字；将"夫子"改为"孔某"，"子曰"改为"孔某曰"，"国"字改为"郭"或"国"；把历代帝王均称作"相"，等等。

太平天国的印书，文书都采用雕版印刷。这一方面由于当时铅印技术远不普及，持续紧张的军事政治斗争未能给他们提供发展改进出版技术的条件，也因太平天国的首领虽然是以拜上帝会的形式承认基督教义，但对基督教义的理解、解释及对宗教仪式的改造，并没有完全得到外国传教士的认同。一位叫罗孝全的美国传教士，早年在和洪秀全接触一段时间后，曾拒绝给他施行洗礼。1860年罗孝全应洪秀全之邀到天京担任外务大臣时，曾在宫廷中多次进行辩论，试图说服太平天国领袖接受完整的基督教义，但没有成功。一年后，他不辞而别。另外一些在太平天国兴盛时期访问天京的传教士们也大多对太平天国的信仰方式和政治目的表示怀疑。这或许可以说是外国传教士们没有大力支持太平天国，包括支持其改进出版印刷技术的一个原因。

三 洋务时期的官书局

　　太平天国革命运动的蓬勃发展及其对儒家传统文化的扫荡，使清朝统治者大为恐慌。清廷迭派钦差重臣督师围剿，无奈八旗、绿营因长期武备废弛，缺乏训练，腐败不堪，在太平军面前连吃败仗。最后，朝廷不得不推出汉人官吏，委以重任，从而出现了曾国藩、胡林翼、左宗棠、李鸿章等一批汉人地方大员，统帅湘军、淮军，独当一面，与太平天国大军作战的形势。这些汉人大员大多出身士林，比起清朝贵族来，对中国传统文化有更多的了解和更深的感情。以他们的核心领袖曾国藩来说，他自幼始读经史，27 岁考中进士，又拜著名理学大师唐鉴、倭仁为师。这使他不仅对孔子以来历代儒学、理学大家均有研究，于儒家义理、考据、辞章之学皆有造诣，而且养成一整套以儒学、理学中的仁义、忠信、孝悌、诚笃等观念为核心的治事行为准则。他深知传统儒家学说对于皇权统治秩序的重要，因而主张正人心、移风俗，以挽救日趋衰落的大清王朝。他也深知孔孟学说在士人心目中的地位，因此，在传檄讨伐太平军的文告中，用太平天国破坏孔孟人伦之道，销毁孔孟诗书文典，焚毁寺院、社坛、庙宇等，来鼓动人们对起义军的不满情绪。并以"扶持名教，敦叙人伦"自勉自励。他的思想代表或影响了其他膺命往剿太平军的汉人官僚。在镇压太平天国革命的过程中，他们作为地方督抚大员和"剿匪"急先锋，既绕领军兵与太平军作战，也注重宣传孔孟之道及传统文化，把后者作为与太平天国进行文化斗争的重要手段。于是从 19 世纪 50~60 年代起陆续出现了一批由这些地方督抚大员创办的官书局。

第一个创办这类书局的是曾国藩的同乡胡林翼。胡比曾小一岁，却先两年中进士，入翰林院。但当曾国藩被授予翰林院检讨时，胡却因过降职。作为湖南老乡，二人曾有过交往，后来曾国藩筹练湘军，在咸丰皇帝面前大力推荐胡林翼，胡遂成为曾的密友、谋士及湘军中骨干首领之一。1859 年，在湖北巡抚任上的胡林翼，首先在武昌开设书局，陆续刊印了《读史兵略》、《弟子箴言》、《大清一统舆图》、《水经注图》等书。

胡林翼开办书局或给曾国藩以启发，或原本即同曾的想法不谋而合。1861 年，已任两江总督的曾国藩围攻太平军时，遣幕僚莫友芝筹建书局，"大令采访遗书"，后亲自"捐廉三万金"。该书局于两年后正式在总督府内设立。1864 年，清军攻下太平军首府天京，曾国藩在那里建立金陵书局。同一年，湘军另一个骨干首领，时任闽浙总督兼浙江巡抚左宗棠在宁波设立书局，刻印《六经》等书。以后，又相继出现了杭州浙江书局、江宁（南京）江楚书局、福州正谊堂书局、武昌崇文书局、苏州书局、扬州淮南书局、湖南思贤书局、南昌江西书局、广州广雅书局、粤东书局、桂林桂垣书局、成都存古官书局、山东皇华书局、太原浚文书局、西安陕西官书局，等等。这些书局初期多由督抚自筹款项，或私人出资，委派幕僚负责，开始时规模较小，以后机构逐渐扩大，分工也愈加细致。书局中，除设有提调、总办等管理职务，还分别设有总纂、总校、正校、襄校、分校、复校等专业职务，以及文案、支应、书办、账房、司门等辅助人员与写、刻工匠。经费也由公款取代私资。其所刊印书籍分为三类：一是清代皇帝钦定御纂的书，二是正经、正史及诸子文集之类，这两类居多，三是少量西学新书与教科书。这些书大多校刊审慎，被称为"书局版"或局本。

这些书局中影响较大的是曾国藩办的金陵书局和浙江巡抚马新贻办的浙江书局。

金陵书局（1868年改称江南书局）初期由曾国藩的幕僚莫友芝主持，先后延揽了汪士铎、李善兰等一批名噪一时的文人学士担任校勘工作，出有《四书》、《文选》、《史记》、《汉书》、《后汉书》、《船山遗书》等多种古籍，又与江楚编译官书局、淮南官书局、浙江官书局、崇文官书局合作刻印了《二十四史》。此外，还印行了《几何原本》等西学书籍。书局十分注重刊书质量，底本要求尽可能采用善本，对字体要求兼备"方、粗、清、匀"，版式也十分讲究，故所出之书很受其时文人学士欢迎。

浙江官书局创设于 1865 年，1909 年并入浙江图书馆，更名官书印行所，是地方官书局中开设时间最长的一个。清末著名学者俞樾曾任该局总办。俞为道光进士，官至翰林院编修、河南学政，一生研习经典，著述宏富，治学严谨。他主持刻印《二十二子》时，亲自外出访求善本，最后选用了诸多名家校本和明代"世德堂"刻本为底本。该书印行后，当世学者同誉为"善本"。除《二十二子》外，浙江官书局还出有《小学考》、《郑氏佚书》、《十三经古注》、《续资治通鉴》、《十通》、《玉海》等经注、政书、类书。刊印质量也多为精益求精。此外，该局还十分注意经济效益，将价格较高的旧版版式缩小，降低成本、书价，以促进书籍销售。这是该局在众多官书局中维持时间最长，出书也较多的原因之一。

在官书局中还需弓一笔的是戊戌变法前夕成立的京师官书局。1894 年北洋水师在甲午海战中战败。第二年 4 月，《马关条约》签订之际，康有为在北京联合参加会试的 1300 多名举人上书皇帝，提出"拒和、迁都、变法"，拉开了维新运动的帷幕。当年 8 月，由于康有为、梁启超等人积极活动，由翰林院侍读学士文廷式出面组织，在北京成立了强学会。学会除集会讲求变法外，还购置印书器具，出版《中外纪闻》，并准备印刷图书，故又称为"强学书局"。其后，康有为到南京，取得两江总督张之洞的支持，又设立了上海强学分会，出版《强学报》，亦计划设立译学堂译印图书。强学会鼓动变法，一方面确实给腐朽软弱的国家实现政治改革带来希望，很多有识之士和趋新官僚纷纷入会或捐资赞助；另一方面，它又引起守旧派的不安和反对。几个月后，御使杨崇伊上奏弹劾强学会"结党营私，背叛圣教"，请求严禁。守旧派的后台慈禧太后据奏强迫光绪下令封闭强学会。北京强学会随即被查封。当时，一些进步官员上疏为强学会婉转开脱，赞助维新的皇帝的师傅翁同龢借机力主恢复，又有总理衙门奏请将强学会改为官书局。光绪皇帝本来有意支持维新运动，但慑于太后威严，不能收回成命。于是下谕旨，命原本支持强学会的大学士孙家鼐负责将强学书局改成官书局，这便是京师官书局（又称直隶官书局）的由来。嗣后，孙家鼐起草书局开办章程，拟在局内设藏书院、游艺院（新型科学器物陈列馆），刊印书籍，并设立学堂一所。刊书方面拟以译刻各国律例、公法、商务、农务、制造、测算、武备、工程书籍为主。书局正式成立后仅二年，便并入新成立的京师大学堂。所幸的是，1898 年戊戌变法失败之后，各项变法新措施大多被废除，唯有京师大学堂保留了下来。

四 西学东渐与译书热

近代中国第一个留美学生容闳，曾用英文写下了《我在中国和美国的生涯》一书。此书后被译为《西学东渐记》在国内出版，很有影响。"西学东渐"一语不仅概括了容闳对自己一生经历中所见所闻的记述，而且反映了近代以来西方文化思想、科学知识一步步传入中国的过程。在这一文化传播过程中，出版事业毫无疑问起到巨大作用。

按道理说，不同国家民族的不同文化彼此交流，取长补短，本是一件自然的有益的事情，但中国近代史上的西学东渐却是在一种近于扭曲的情况下进行的。西方殖民主义者为在中国攫取利益，依仗"船坚炮利"，接连发动侵华战争。侵略者的猖狂，朝廷的腐朽，武器的落后，民族危机的加重，促使一部分进步官僚士大夫首先从天朝迷梦中醒来，进而"睁眼看世界"。出于了解敌情，进行有效的反侵略战争的需要，林则徐在广州设立译馆，翻译外文报纸和西文书籍。在他的授意下，编译出版了英人慕瑞所著的《世界地理大全》，译名为《四洲志》。嗣后，林将《四洲志》

及有关资料交给魏源。1842 年，魏源在《四洲志》基础上，编成了《海国图志》50 卷正式出版。以后，此书经过两次补订，扩成 100 卷，多次再版。这部书在"师夷之长技以制夷"思想指导下，广泛介绍世界各国的历史、地理知识，被后人誉为"中国知西政之始"的书，对中国人了解世界产生了深远影响。

1856 年，英法侵略者因数次要求修改条约，以扩大对中国贸易的企图遭到清廷拒绝，遂在俄、美两国支持下，以"亚罗船事件"和"马神父事件"为借口，发动了第二次鸦片战争。清政府再次战败，被迫与各国签订《天津条约》和《北京条约》。1858 年在天津签订，1860 年 10 月在北京交换批准的《中英天津条约》第 50 款规定：以后凡涉及两国关系的英国文书都用英文书写，只暂附汉文，但凡有文词争议之处，都以英文为准。这给清政府出了个难题：中国懂外文的人才奇缺，了解西方社会政治、法律的人更少，岂不是明明地要作为瞎子、哑巴任人摆布吗？为解决这个问题，时任总理各国事务衙门大臣的恭亲王奕䜣联同大学士文祥、桂良向咸丰皇帝驾崩后刚刚垂帘听政的两宫太后奏请设立京师同文馆。拟聘请外国人兼通汉文者为师，选八旗子弟十三四岁以下资质聪明者入馆学习外文，以培养外语人才，备外交之用。

奕䜣是咸丰帝的六弟，据说他自幼聪颖，很得其父道光帝的宠爱。道光曾想让他继承皇位，但他坚辞逊让。后来道光嘱咐奕䜣之兄奕詝，即后来的咸丰帝，一定要厚待其弟。奕詝即位后，封奕䜣为恭亲王。在第二次鸦片战争中，当英法联军打进北京，咸丰逃往热河躲避时，奕䜣被留下与英法联军交涉谈判，这使他有更多机会与外国人接触，从而对于中国各方面的落后、中国人需要了解西方等问题的认识，比朝廷中其他满族权贵来得更早和更为迫切。他的这些认识和当时汉人疆臣曾国藩、左宗棠、李鸿章等人相一致。因而，奕䜣和这些人一道发起了以师夷长技、求强求富为目标的洋务运动。同文馆的设立正是在洋务运动的发轫时期，也可以说是洋务运动的一项内容。

同文馆用现在的话说就是外语学校，正式开馆于1862年5月。初时只有英文班，10名学员，后来增设法文班、俄文班，学员增加到30名。以后逐年增加，最多时达到100多名，并先后增设科学馆、德文馆、东方馆。馆内课程开始只设外文、中文，后来增加天文、算学、物理、化学等科，但外文翻译始终受到重视。按馆中教学规划，学生"由洋文而涉猎各种学科"，共需学习8年。第一年读写文字，讲解词句、浅书，第二年即须"翻译条子"，第三年"翻译选编"，第四年翻译公文，第五年到第八年练习译书。同时学习各国史地、代数、几何、航海测算、万国公法、富国策等功课。这样，同文馆既是一所学校，又是一个培养人才并翻译西书的机构。从前者来说，它开了中国近代官立学校教育的端绪；从后者来说，它开了近代中国官立译书事业的端绪。馆中培养出来的学生既要懂西方科学，又要精通外国语言。这就为日后中国对外交流的日益广泛，西方文化逐渐大量输入国内准备了条件。

同文馆聘请的外国教习和部分中国教习或出于兴趣，或出于教学需要，翻译了不少西文书籍。如 1864年入馆，以后长期担任总教习的丁韪良译有《万国公法》、《格物入门》、《格物测算》；化学教习毕利干译有《化学指南》、《法国律例》、《化学阐原》、《汉法字汇》；天文教习骆三畏译有《中西合历》、《天学发轫》；汪凤藻等译有《公法便览》、《英文举隅》、《富国策》、《新加坡律例》；联芳等译有《星轺指掌》、《公法会通》，等等。这些书籍有的是教师们译的，大多数是教师和学生合作翻译的。其中丁韪良的《万国公法》是中国译进的第一部讲述国际关系的书，曾作为同文馆内的教材，在社会上亦有较大影响。

丁韪良是美国长老会派传教士，1850 年来华，先后在宁波、舟山等地传教。1864 年经中国海关总税务司英人赫德介绍，入同文馆担任英文教习，后又任国际公法教习。1869～1894 年任总教习，即校长，1898年京师大学堂成立，丁氏被聘为总教习，1900 年辞去职务。他在同文馆 25 年，对馆内的组织、教学、发展做了许多工作。当时外国人中懂得中国学问的人很少，丁韪良却能说出几位中国先贤的名字和事迹。奕訢因此对他很佩服，给他起了一个别号叫"丁冠西"，意思大概是说他的学问在西方人中是数第一的。他刚到同文馆时，曾把另一位传教士送给他的一些印刷用的活字转送给大学士文祥，后归同文馆使用，成为馆内最早的印刷工具。后来他提议设立一个小规模的印刷所。

文祥十分支持，并给了他超过预算两倍的银子，派人帮助在馆内空地上建房。在加固房基时，丁想把一处灰屑堆成的小丘铲平，以便得到必要的土石，于是请示总理衙门。大臣们经过商量，认为铲平小丘有伤风水，驳回了丁的请求。丁只好从别处取来土石，盖起了供印刷用的房屋。同文馆出版的译书，便是在这个坐落在保留了原来自然风水院子内的新房子中印刷装订的。

据统计，京师同文馆存在的 30 余年里，共印制出版了 200 多部译著。这些书大多是以聚珍版刊行于世，免费送给朝廷官员，给当时上层人士提供了一条了解西方文化的途径。此外，有些科学书籍，如毕利干所译《化学指南》、《化学阐原》，首次把西方的化学知识传入国内，为近代科学文化进入中国人的生活，在中国社会中传播发展，起到辟莽拓荒的作用。

京师同文馆的创办为上海、广州同类学馆的创设树立了样板。1863 年，李鸿章援京师同文馆例，奏请在上海成立同文馆（后改名广方言馆），分英文、法文二班。1864 年广东地方官亦以北京、上海为例，设立同文馆（后改为广方言馆或译学馆）。这两个同文馆在性质上和京师同文馆大体相同，不同之处是上海同文馆"广收八旗以外之聪秀子弟"，广州同文馆亦收有汉人学生。且从 1867 年后，上海同文馆按御批总理衙门奏章所请，不断选拔尤秀学生到京师同文馆深造。至于译书方面，上海、广州两同文馆亦有大量译著印行出版。

北京、上海、广州三地同文馆相继开馆不久，又有江南制造局翻译馆设立。江南制造局是洋务运动初期在"自强以练兵为要，练兵又以制器为先"思想指导下大办军事工业的过程中，于1865年由新任两江总督李鸿章在上海建立的，又称江南制造总局，是洋务派创办的最大军事工业部门。1868年6月，经徐寿、华衡芳等人的活动，在局内正式设立翻译馆。

徐寿（1818～1884），字雪村，江苏无锡人。华衡芳（1833～1902），字若汀，江苏金匮（今无锡县）人。无锡在清朝是江苏常州府辖属的一个县，城内百姓大多巧于工艺。由于离海岸不远，又曾有人往还于日本，因此，士人们的心中产生开放意识较早。一些人感到只读诗书经史难以满足知识欲求，喜欢"究察物理，推考格致"，于是结成友好，经常聚集一处，交流研习物理的心得体会。徐寿和华衡芳也参加这些活动，是其中较为突出的人物。徐为人狷介，不意仕途，华爱好数学，二人以学问交，关系密切。1861年他们一起入曾国藩幕府，一度受命合作试制轮船。他们根据在墨海书馆见到的《博物新编》一书中提供的图样，及一次在长江上偶然见过的外国小轮船模样，摸索试验，华主测算，徐主制作，造出了一条长50余米，约合25吨位，时速达40余华里的轮船。这是中国人自己在没有外国人帮助的情况下独自设计施工造成的第一艘轮船。试航时，直隶总督毅勇一等侯曾国藩亲临现场。看到轮船试航成功，曾国藩大喜，当即给船起名叫"黄鹄"，意为黄色的大鸟，重赏徐、华等人，并以奇才异能加以推荐。后来二人入江南制造局。徐寿考虑如能将西文书籍大量译出，不但自己增长见识，并且可以刊印传播，使更多人受益，因而建议制造局总办设立了译书馆。

江南制造局翻译馆出版的第一批书，计有英国传教士傅兰雅和徐寿之子徐建寅合译的《运规约旨》，英国传教士伟烈亚力和徐寿合译的《汽机发轫》，美国传教医师玛高温和华蘅芳合译的《金石识别》等。这几本书还在译馆正式建立之前就已开始翻译，最初是在离制造局很远的上海租界傅兰雅等人的居所内进行，后移入局内。书译成后得到总督认可，随即馆中又延聘美国传教士金楷理、艾约瑟、林乐知以及华人李善兰等到馆从事翻译工作。

在众多译员中，最为著名的是傅兰雅和李善兰。傅于1861年22岁时来华，任香港圣保罗书院院长；1863年被北京同文馆聘为教习；不久后到上海，任英华学堂校长和上海《新报》主笔。他是江南制造局翻译馆聘请的第一位专办译书事务的译员，在馆中近30年，独立或与人合作翻译的数学、物理、化学、冶金、矿物、医学、军事学等各类书籍、教材达到129部。其中77部由江南制造局出版，几乎占了该局出版图书总数的一半。颇有影响的译馆季刊《西国近事汇编》也是由傅兰雅主持的。此外，他还同其他译员合作编纂过汉英、英汉科技词汇工具书，创办《格致汇编》，成立科普团体格致书院，开办格致书室，出售科技图书、期刊、地图、仪器，等等。1880年他写下《江南制造局翻译西书事略》一文，记录了该制造局译书馆创办的经过，译员们译书的方法，译书数目及目录等，留下了有关江南制造局译书馆早期情况的记录。

李善兰（1813～1884），字壬叔，浙江海宁人。他从小习经书，却对数学有独深的爱好，10 岁时即能读懂《九章算经》，30 岁以后陆续写成《对数探原》、《四元解》等。1852 年迁居上海，结识了同样精通数学的伟烈亚力，遂一同翻译了欧几里得《几何原本》的后几卷，及《代数学》、《代微积拾级》等。进江南制造局翻译馆前后，他还与人合译过《谈天》、《重学》、《植物学》等书。傅兰雅说他于"格致等学无不通晓"，对牛顿数理，以至"西方最深算题""无不洞明"，"无不冰解"。他所译的《代数学》是中国第一本符号代数学著作。《代微积拾级》是国内最早介绍微积分的著作。此外，他还自编了《则古昔斋算学》，其中有关研究已达到当时世界水平。他在级数论和组合论方面提出的一系列恒等式，甚至引起过国外学者的兴趣。

随着译书工作顺利进行，翻译馆逐渐扩大。到 1880 年时，译馆仅刊印部门已有 30 余人。这些人在"董理"指挥下，在一个很大的房间内工作，有的刻板，有的印刷，有的装订。另有负责销售一人，抄书员三四人。馆内藏有西文自然科学书籍达数百部，是当时国内藏有西书最多的地方。曾国藩、李鸿章及江苏巡抚丁日昌等或亲临视察，或亲自提出选译书目。译书的外国传教士也一一封有品级官衔，如傅兰雅得赐三品，金楷理得赐四品，林乐知得赐五品。

馆中译印图书十分讲究。如中外译员合译，先由外国译员将书中意思逐句口译成汉语，中国译员笔记、润色，不清楚的地方，双方讨论斟酌。重要的书，尚须共同核对，方能付梓印刷。因所译自然科学书中许多专有名词为汉语词汇中所没有，故译名的确定为一大事。经反复讨论，馆中立下三条规定：第一条，译名中已有汉语词汇，但在词典中查不出的，参月已见的由传教士所著的科技图书译名，或从客商及从事工艺制造人员处访求通用的名目。第二条，凡译名中尚无汉语词汇的须设立新词，原则是：①以汉字同音者加写部首，如镁、砷、碲、矽等，或以汉语字典内原来已有但不常用的字释以新义，如铂、钾、钴、锌等。②用少量的几个汉字表达外文意思，如养气（氧气）、轻气（氢气）、火轮船、风雨衣等。③采取音译法。第三条，将译书时所译新名词随时记下来，编成中西字汇对译表，附于书后。再将各书中的新名词总汇起来，编成专门的中西译名辞书。尽管不是馆内所有译书都一致遵循了这些原则，但这些方法的采用，为人们阅读该翻译馆的译书提供了方便，并为后人译读外文书籍提供了参考。他们创立的译名方法和最初定下的译名有的至今仍在使用。

书馆备有铅字一副及印书架，但初期印刷仍多采用木版。图书页幅相等，宽 8 寸，长 12 寸。印纸采用上等连史纸和赛连纸两种。书用白丝线装订，格外精致，很受学士文人欢迎，购买者颇多。北京同文馆的一些教材便是从江南制造局译书馆购入的。上海、厦门、烟台等地书院，以及基督教所设的一些书馆亦多有购存。据傅兰雅所记，自 1871 年印出第一批译书后 10 年之间，刊印图书 98 种 235 本，售出 3 万部，计 8 万多本；刻成地图 27 种，售出 4774 张。另有已译成未刊印之书 45 种 124 本和未译全之书 13 种。另据统计，至 1909 年时，该馆共计译书 178 种。先后在该馆工作过的译员达 60 余人。直到 1912 年底该馆才被裁撤。

在西学东渐和译书热的过程中，外国传教士办的出版机构和出版宣传是一个不容忽视的方面。19 世纪 40～50 年代，传教士来华人数尚不太多，但已办有墨海书馆、美华书馆等出版机构。因第二次鸦片战争后签订的不平等条约普遍加有允许或保护外国传教士来中国传教，以及建立教堂的条款，愈来愈多的传教士涌向中国。到 1890 年，来华的外国传教士人数增加到 5.8 万人。这些传教士为了使中国人接受他们的宗教世界观，于传教同时，大力兴办文化事业，开办新式学校、医院，设立出版机关。除前面介绍的墨海、美华书馆外，上海英华书馆、格致书院、益智书会、大英圣书公会等也都是传教士创办的著名出版机构。据不完全统计，到 1890 年为止，由外国传教士办的出版机构已编译出版中文书籍 1000 多种，报刊 70 多种。其翻（编）译西书的数量远远超过同文馆及江南制造局翻译馆。这当中尤须提及的是"广学会"。

广学会初名同文书会，是英国长老会传教士韦廉臣于 1887 年创办的。韦廉臣在《同文书会发起书》里面说，该会的目的可以归纳为两条：一为供应比较高档的书籍给中国有才智的阶层阅读，二是供应附有色彩图片的书籍给普通的中国家庭阅读。总而言之，是要用出版物"把中国人的思想开放起来"。为了扩大社会影响，韦廉臣联络了英、美、加等国不同教派的传教士 30 余人同作发起人，请海关总税务司赫德作董事会会长，英国驻沪总领事福克为副会长。董事会内还包括了英美法德等国驻华使节，有势力的外商怡和洋行、谦信洋行、汇丰银行、花旗银行老板及工部局总董等人，使得该会一度成为基督教在华最大的出版机构。

1890 年，韦廉臣病逝。不久，经赫德推荐，英国传教士李提摩太担任同文书会督办。李提摩太于 1870 年受英国浸礼会差遣来华，先后在山东、东北、山西等地传教。1890 年，他应李鸿章的聘请，担任天津《时报》主笔。他对中国的政治状况十分关注，与李鸿章、张之洞等要人过从密切，曾撰写《新政策》等大量文章，系统地提出了国政治、经济、文化各方面改革的建议。他接管同文书会后做的第一件事，就是调查中国上层社会究竟有多少人可以阅读图书。经他统计，当时中央和地方的高级文武官员，府学以上的礼部官员，举人以上的在职和在野的士大夫，以及全国的秀才和应试的书生，约有 4.4 万人。他准备以这些人作为同文书会的读者对象。同时他把同文书会更名为广学会，扩大图书和报刊的出版发行规模。这以后，广学会平均每年出版新书或重版旧书达到 100 种左右，另发行《万国公报》、《成童画报》等多种报刊。

广学会出版的图书有很多切合时代需要，在士人中具有影响，如《万国公报》、《中西四大政考》、《时事新论》、《自西徂东》、《泰西新史揽要》、《中东战纪本末》，等等。其中《泰西新史揽要》原名为《十九世纪史》，是英国学者所作，1889 年伦敦出版的新书。该书叙述了 19 世纪西方基督教文化史和欧美各国资本主义发展史，由李提摩太和蔡尔康合译。1895 年出版后一度成为风行读物，被著名启蒙思想家梁启超称为"西史中最佳之书"。据说光绪皇帝曾用两个多月时间通读了此书。这在当时来看，算是了不起的大事了。《中东战纪本末》记载的是中日甲午战争史事。该书根据《万国公报》上陆续发表的有关甲午战争的报道汇编而成。全书三编共 16 册，对于国人了解战事情况很有帮助，且能促使人们对国家危亡局势的觉醒。1896 年出版初编，以后陆续出版了二、三编，10 年内多次再版，销售万部以上。

广学会出版的图书部分用于出售赚钱，部分用来赠送达官贵人。其销售额增长很快，初期每年仅 800元左右，1894 年增至 1000 元，1896 年增至 5900 多元，1902 年猛增到 43500 余元。用于赠送的图书数量也相当可观，如 1892 年北京会试期间，广学会一次送给应试举人的书刊就达 1 万余册；1909 年又将 38 箱图书分送给 8 个总督、18 个巡抚。广学会的译书在当时颇受维新派推崇，据广学会一位编辑范祎诲说：广学会给中国知识分子阅读新书，吸收新知提供了很大帮助，甚至康有为、梁启超的变法思想也部分地产生于其阅读的广学会出版的图书。据统计，1898 年百日维新期间，光绪皇帝谕旨采用图书 129 种，其中 89 种是广学会出版的，可见该会译书在当时影响之大。1916 年，连续 25 年担任广学会总负责人的李提摩太辞去该会职务。此后广学会又继续维持了 30 多年，直到 1949 年中华人民共和国成立，该会的外国人才撤离中国。

五 私家译书与两大翻译家

19世纪90年代开始，民族危机日益加深，维新变法思潮涌起，国人翻译西书的热情更加高涨。早期资产阶级改良人物马建忠，1894年在其所著《适可斋纪言》中就提出设立翻译书院的建议，指出译书一事，为当时之"急务"，"不容少缓"。1896年接管京师官书局的孙家鼐在其所拟奏请开办章程中提出：要将律例、公法、商务、农务、制造、测算之学及武备、工程等"凡有益于国计民生与交涉事件"的外国书籍"皆译成中国文字"。同一年，李端棻奏请设立译局报馆，奏书中说：中国与外国人交涉不能知己知彼，是"见弱之道"，"欲求知彼，首在译书"。两年后成立的京师大学堂把设立译书局，编译教材和"西学各书"作为一项重要工作。这一时期，洋务运动企业的主要经办人之一盛宣怀创立的南洋公学，也提出设立译学院，购藏、翻译、刊行东西各国"新出之书"。

当时除官办书局及传教士译书机构外，还出现了一些私家译书处，如罗振玉等在上海设立的务农会，翻译出版农书；梁启超等人创办大同译书局，翻译各国变法之书、学堂教材，等等；董康、赵元谊等成立译书公会，翻译有关政治、学校、律例、天文、舆地、光化、电气、矿物、商务、农学、军制诸书，等等。与此同时，《中外纪闻》、《时务报》、《蒙学报》、《农学报》、《萃报》、《格致新闻》、《国闻报》等许多报刊也大量发表翻译文章。此时的译书除英、法文本外，增加了俄文、日文书。据统计，在光绪末年翻译的533种外文书中，译自日文者达到321种，占60%以上。其时译书的另一个特点是在历史、地理、数学、物理学科之外，增加了介绍西方国家政治、经济制度及思想哲学的书籍，如日本市岛谦吉的《政治原论》，有贺长雄的《族智进化论》、《社会进化论》，铃木喜一郎的《法家通论》，福井准造的《近世社会主义》，幸德秋水的《社会主义神髓》，瑞士伯伦知理的《国家学纲要》，美国威尔逊的《历史哲学》，以及《弥勒约翰自由原理》、《斯宾塞社会学原理》、《达尔文天择篇》、《路索民约论》、《共和政体论》《比较国会论》，等等。这时外国文艺小说的翻译也开始占有了一席之地。据清末出版的《涵芬楼新书分类目录》统计，在文学类500余种小说中，翻译小说占到近400种。在众多的译书者中出现了两位受到社会文化界瞩目的杰出人物，这就是严复和林纾。

严复（1854～1921），字又陵，又字几道，福建侯官（今闽侯）人。其父是个普通医生。他从小读四书五经，聪颖好学。12岁时因父亲去世，放弃求仕之路，考入福建船政学堂。1877年他作为清廷派出的留学生赴英国海军学校学习。他在学习之余，很注意了解英国的社会政治情况，广泛浏览西方社会政治书籍，成为当时国内少有的精通西学之人。回国后受到李鸿章的器重，当上北洋水师学堂的总教习，后升任会办、总办。中日甲午战争后，他接连发表《论世变之亟》、《原强》、《救亡决论》、《辟韩》等论文，批判封建专制制度与思想。他深深感到中国人民缺乏现代独立自主意识，把"鼓民力，开民智，新民德"作为强国的必要手段，因而以极大的精力投入翻译西方社会科学著作的工作。从1896年到1908年，他陆续翻译了赫胥黎的《天演论》，斯宾塞的《群学肄言》，亚当·斯密的《原富》，穆勒的《群己权界论》、《穆勒名学》，甄克思的《社会通诠》，孟德斯鸠的《法意》和耶芳斯的《名学浅说》。这所谓"严译八大名著"涉及了人类学、社会学、经济学、政治学、政治思想史、逻辑学等领域，首次向中国人展示了以往所不熟悉的社会科学知识范畴。和以往的译者不同，严复自己通晓外文，每译一书都经过审慎选择，自译自校，翻译用词十分严谨；虽有时为使译作达到更好的启蒙效果，也有在译文中注入自己意思的地方，但在多数情况下都是力求忠实于原著。为了便于读者理解，他还在译文中根据自己对西方社会的了解和他掌握的丰富西学知识，写下大量按语。这些按语或展开说明，或加以评论，或引申他义，使读者在阅读所译之书的同时，也了解了许多书外知识。

这些译著中，在当时及后来一段时间里影响最大的是《天演论》。该书原稿是英国著名生物学家赫胥黎的《进化论与伦理学及其他》论集的一部分。书中讨论了达尔文的生物进化论,指出宇宙间一切生物都处在变化过程中。事物变化的原因不在外界环境,而在事物自身求生存的特性。求生存的意识产生竞争,适应生存者存,不适应生存者亡,或存或亡在于天然的选择。译文中"物竞天择","适者生存","弱肉强食"之语对于处在列强环伺,危亡在即局面下的国人来说犹如震耳警钟,促人自强自立,奋起救国。该书提出的进化观点也首次打破了传统停滞的、循环的、退步的历史观念,为改革和革命提供了理论依据。该书出版后,受到康有为、梁启超、谭嗣同、吴汝纶等很多著名改革家和学者的推重,一版再版,成为青年学子争相购买的热门图书。多年之后,胡适和鲁迅等人还都忆起青年时期读《天演论》时的感受。胡适说他的名字"适之"便是取"适者生存"之意。鲁迅也说,《天演论》刊行时,他利用星期天专程进城买书,读起来爱不释手。《天演论》外的其余7部译作虽因文意深奥,在普通人中阅读者不多,但其在中国近代社会科学发展史和翻译史上无疑居于重要地位。严复对于译书提出的信、达、雅三条原则,也为后人译书树立了科学的标准。

严复的《天演论》最初由湖北沔阳卢氏慎始基斋木刻出版,《原富》由上海南洋公学译书院出版,《群学肄言》由上海文明书局出版,《穆勒名学》由金陵金粟斋木刻出版,《群己权界论》等四种由商务印书馆出版。此外，严复还翻译出版有斯宾塞的《劝学篇》、卫西琴的《中国教育论》等，也在当时产生过影响。

如果把严复比作晚清翻译界社会科学译作的明星，那么在当时还有一颗文学翻译明星与之交相辉映，这就是著名小说翻译家林纾。

这位林纾，字琴南，比严复大两岁，亦是福建籍人，号畏庐，别署践卓翁、冷红生，光绪年举人。1899 年他在马江客居时丧偶，适遇一位从法国回来的王晓斋，见他心中哀婉，遂和他谈起法国作家大小仲马的小说如何脍炙人口，尤推小仲马的《茶花女》一书，劝林纾与之同译，想以此消减他的悲思。没想到这却把他对亡妻的深情引入小说人物的情境。于是林纾笔端的缠绵凄婉，流露于小说的字里行间。一本世界名著就这样由王晓斋口译，林纾笔记润色，由外文字母变成了优美的中国古文。小说译成后，取名《巴黎茶花女遗事》，相继有素隐书屋、玉情瑶怨馆的木刻本，文明书局本，广智书局铅印本，新民社袖珍本，商务印书馆本等多种版本印行，风靡了一代青年读者。自此以后，这位外文字母不识几个的大翻译家先后和十几个人合作，在近 30 年时间里，陆续翻译英、美、法、俄、日、西班牙、比利时、挪威、希腊、瑞士等国小说 179 种，总计 1200 余万言。西方名著《黑奴吁天录》、《伊索寓言》、《撒克逊劫后英雄传》、《鲁滨孙飘流记》等，西方著名作家莎士比亚、狄更斯、司各脱、大小仲马、欧文、巴尔扎克、易卜生、塞万提斯和俄国著名作家托尔斯泰、日本著名作家富德渐次郎等，通过林纾的译笔，进入中国人的意识和生活。

林纾翻译的小说在读者中很受欢迎，那时一般文章稿酬是一千字 2~3 元，商务印书馆例外按千字 6 元给他付酬。当时的 10 元钱可买大米 160 斤。这样高的稿酬无疑给译书者极大的鼓励，同时也提高了林纾翻译小说的地位，故当时社会上已流行有"林译小说"的说法。林译小说全采用文言文，即使到了五四白话文取代文言文的时期也未加改变。不仅如此，林纾还站在保守派立场上，以小说形式攻击蔡元培、陈独秀、胡适等新文化运动领袖人物。但他用文言表达外国作家细腻的情景、心理描写确实有一番工夫。著名文学家、学者郑振铎、茅盾、郭沫若、胡适等都曾赞扬说：林纾的翻译笔调"在中国可算是创见"，替古文开辟了一个新天地，除偶有小错外，颇能保存原文的情调，人物描写与原文中人物一模一样，连原文中最难表达的幽默也能照样译出，有时甚至给普通的原文增加了不少的光彩。这些名家的评论肯定了林译小说在中国近现代文学史上的价值。从出版史和文化史的角度看，林纾的小说翻译亦是从一个侧面推动了西学东渐的进程。

六 改良、革命与出版事业

　　1894 年中国海军在甲午战争中失利，引起了当时朝野极大的震动。以往清廷先后在两次鸦片战争、中法战争中战败，虽然也惊动了部分进步官僚，特别是目光敏锐的知识分子，但多数人似乎还没有觉察出大清朝廷腐朽衰败到何种程度。这一次一向被中国人认作"蕞尔小国"的日本竟然打垮了洋务派积 30 年心血建起的新式舰队，不能不使人震惊、愤怒。康有为发动的"公车上书"反映了其时关心国事的士大夫慷慨激昂之情。光绪皇帝及帝党官僚亦深感危亡局势的严重。这两股力量结合促进了变法改良运动的高涨，导致了百日维新的实现。

　　以康有为为首的维新派十分注重舆论宣传，1891年他在广州万木草堂讲学时撰成《新学伪经考》，指斥东汉以来的经学多为东汉时掌管朝廷经书的刘歆所伪造，而不是孔子订立经书的原本。说刘歆篡改伪造经书，是为王莽篡汉改号"新"朝服务的，故称"新学伪经"。这本书意在打击顽固派恪守祖训的思想意识，为宣传变法扫除障碍。书成第二年即出了万木草堂刊本，并有暮春武林垲云楼石印本等版本出现。这本被梁启超比作"思想界之一大飓风"的作品，引起了轩然大波。很多保守派纷纷攻击康有为，说他"言之谬妄"，本意在"黜君权，伸民力，以快其恣睢之志"，以发其"不遇之悲"。1894年清廷下令将该书一律焚毁。三年后该书改名《伪经考》再次出版，但戊戌变法失败以后和1900年又两度遭清廷毁版。1895年8月康有为在北京创办了《万国公报》（后改名《中外纪闻》），宣传西学，鼓吹变法，每期印1000份，后增至3000份，分送朝廷官员。1896年8月，维新派在上海创办《时务报》，不久又相继在广州、桂林、湖南创办《知新报》、《广仁报》、《湘学新报》、《湘报》，等等。

　　为了大量吸收国外变法材料，1896年由梁启超的妻兄，支持维新运动的李端棻奏请设立译局报馆。康有为亦多次代人或自拟奏折请求开局译书，或办报。他认为，求富强在于广兴经济农工商矿各学，而兴学堂就必须广译书，不译书就"无从收变法之效"。他希望不仅从京师到各省遍设译局，并且由朝廷下令，奖励士人译书，译书达到若干字数，只需通过"论通"测试便可赐给附生、廪生、贡生、举人、进士，乃至翰林、庶吉士等秩级。梁启超等于1897年10月集资建立了大同译书局。他为译书局写的"叙例"说道："天下识时之士，日日论变法"，但无论"变士"、"变农"、"变工"、"变商"、"变官"、"变兵"、"变总纲"、"变分目"，不学西学，不读西书，就无从变起。"故及今不速译书，则所谓变法者习成空言。"他为译书局规定的第一条原则是："首译各国变法之事，及将来未变之际一切情形之书，以备今日取法。译学堂各种功课，以备诵读，译宪法书，以明立国体，译章程书，以资办事之用，译商务书，以兴中国商学，挽回利权。"该局成立不久即印出大部头的《经世文新编》及《俄皇大彼得变政考》、《日本书目志》等10余种小册子。康有为的另一部重要的变法理论性著作被梁启超称作"火山喷火"的《孔子改制考》，亦经该局出版。这本书把历来被古文经学家认为是"述而不作"的孔子说成是托古改制的"素王"，把儒家经学中公羊学派提出的"据乱、升平、太平"三世说，说成是孔子对社会改造应当经过的不同阶段的设想。康有为以孔子改革思想的继承者自居，以据乱世比附君主专制时代，升平世比附君主立宪时代，太平世比附民主共和时代，从而提出变君主专制为君主立宪的改革要求。这就为维新变法找到了历史的和理论的依据。大同书局由康有为的弟弟康广仁担任经理，用筹措股金的方式积累资金。然而它的大规模译书计划还没有来得及实现，就因政变发生，光绪帝被囚，康有为、梁启超逃亡，康广仁和谭嗣同等"六君子"被害而搁浅。

戊戌变法虽然失败了，但它的历史影响十分巨大。据统计，各地维新派在几年之间开办学会、学堂、书局、报馆达300多个。这些机构不仅宣传了进步思想，推动了社会心理变迁，而且大大活跃了文化出版事业。

戊戌变法失败后，康有为离京赴沪，在英国人的保护下逃往香港，以后他周游世界各地，宣传保皇，仍坚持在皇帝领导下进行变法的思想。他的另一部有影响的著作《大同书》，描绘了一幅美好的人类大同社会图景。他认为，此大同之世是未来的事情，因而书成后，长时期内不愿意出版，只是在1913年他本人创办的《不忍》杂志上登出一部分。全书在他死后8年，才经其学生钱定安校订，由中华书局出版。

康有为出逃的同时，梁启超也在日本人的掩护下化装出京，逃往日本。在那里他创办了《清议报》、《新民丛报》，主编《新小说》，创办译书局，又在上海设立广益书局，以极大精力从事"新民"启蒙活动。

梁启超才思敏捷，著论常能抓住时局中重要问题，文体脱出古文八股框框，通俗流利，时称新文体。且笔端常带感情，颇能吸引读者。1902年，有人将梁的文章辑成《饮冰室文集》，由梁本人作序，于1903年在上海广智书局出版。以后该文集不断补充，经大同书局、中华书局等多家出版机构多次再版，成为近现代史上最为流行的著作之一，对后人产生很大影响，在思想史中占有重要的位置。

与此同时，一些原来受康有为影响，积极投身变法或赞成维新运动的章太炎等开始转向革命。

1903年，18岁的四川青年邹容写成了《革命军》一书，热情赞颂革命的伟大意义，分析革命的原因，高呼"扫除数千年种种之专制政体，脱去数千年种种之奴隶性质，诛绝五百万有奇之满洲种，洗尽二百六十年残惨虐酷之大耻辱"。当年5月，《革命军》印成小册子在上海由大同书局出版发行。6月，《苏报》首先在《新书介绍》栏内介绍了《革命军》一书的主要内容，并连续发表了署名"爱读革命军者"的评论和章太炎为《革命军》所写的序文。

章太炎，名炳麟，本是一位学识渊博的古文经学家。戊戌维新时期，他走出书斋，积极参加了变法宣传活动。变法失败后，他东渡日本，成为宣传革命的重要人物。《革命军》出版后不久，他在《苏报》上发表了《康有为与觉罗君之关系》（即《驳康有为论革命书》），不仅驳斥康有为关于中国"只可行立宪，不可行革命"的观点，而且点名指斥光绪"载湉小丑，未辨菽麦"。

《苏报》对革命的宣传和对皇帝的大不敬，以及在这前后发表的其他宣传革命的文字言论，激起了清廷统治者的恼恨。就在章太炎《驳康有为论革命书》发表的第二天，两江总督魏光焘派遣的候补道俞明震和上海道袁树勋，向《苏报》出版所所在的上海租界当局提出控诉。由工部局出面，派出中西警探，包围了苏报馆，逮捕了章太炎等5人。当时被列入逮捕者名单的还有《苏报》主办人陈范和邹容。陈闻讯逃脱，邹容不愿章太炎一个人承担责任，遂自动投案。由于《苏报》最早是在日本领事馆注册的，所以章、邹等人的案子在租界会审公廨进行。章、邹先被判处永远监禁，后改为章监禁3年，邹监禁2年。邹因不堪折磨，死于狱中。《苏报》也被判永远停刊。这就是轰动一时的上海《苏报》案。

章、邹被捕，邹死狱中并没有吓倒革命者，更没有阻止革命思想的宣传，邹容的《革命军》反而因此名声大震，海内外争相翻印，有仍用原名者，有更名《革命先锋》、《图存篇》、《救世直言》者，有将其和章太炎的《驳康有为论革命书》合刊，取名《章邹合刊》者。到辛亥革命前后，该书翻印 20 多版，销售百万余册，成为清末革命书刊中最畅销的一本。

据统计，在 20 世纪初年，宣传资产阶级革命的出版物，仅小册子一项就有 130 种上下。除邹容的《革命军》外，陈天华的《警世钟》、《猛回头》等，由于采用通俗语言、唱词形式，揭露外国侵略者的野蛮行径，写出民族危亡的沉痛，阐明进行革命的必要，也十分受欢迎。

在众多的宣传革命的书刊中，还有两本书引人注意：一本是《三十三年落花梦》，一本是《孙逸仙》。两本书其实同译于一本日文书《三十三年之梦》，1902年出版。作者是孙中山的好友，赞助中国革命的日本人宫崎寅藏（署名白浪庵滔天）。该书详细记载了孙中山的革命活动。前一个译本由金一（金天翮）翻译，1903 年国学社刊印。后本书为章士钊编译，署名黄中黄，较前一本内容稍简，1906 年（一说 1904 年）在日本刊出。

孙中山是中国资产阶级革命的先行者，早年有着丰富离奇的经历。他曾在檀香山读书，在香港学医并接受基督教洗礼；作为一个小人物，曾向掌握清廷政治枢要的李鸿章上书，大谈革新之法。他组织了中国近代从事资产阶级革命的第一个组织兴中会，一次又一次发动起义，成为清政府悬赏缉拿的要犯。他却往来于日本、美国、欧洲，成为世界知名的革命者。宫崎寅藏的《三十三年之梦》详细记载了孙中山从事革命斗争的经历，他的理想，他的抱负，是有关孙中山的第一本传记。不仅宣传了孙中山及其革命思想，而且为后人留下了宝贵材料。据说，孙中山的"中山"之名就是从章士钊译了《孙逸仙》一书，而被广泛叫开的。

当时，清政府明令禁止出版和出售宣传反清革命的书刊，但仍有人冒险推销禁书。

据郑逸梅的《书报话旧》所记，当年上海有个叫徐敬吾的人，在福州路中市青莲阁茶馆底下开了一个书铺。在这个铺子上，《革命军》、《孙逸仙》、《三十三年落花梦》，以及《苏报案纪事》、《自由血》、《女界钟》、《扬州十日记》、《嘉定屠城记》、《黄帝魂》、《猛回头》等革命书刊应有尽有。为了遮人耳目，他不雇伙计，叫自己的女儿打扮成男孩模样，帮助做生意。他有时把禁书巧妙地混在《三国演义》、《水浒传》等书中，到茶馆去销售。他的这些书是从他兼任庶务的爱国公学那里得来的。由于他的书铺所在的青莲阁茶馆附近是妓女常去的地方，有的小报就把他戏称为"野鸡大王"，他也不辩解。久而久之，人人都叫他"野鸡大王"，反而忘掉了他的姓名。这位"野鸡大王"一边卖革命书，一边读革命书，而且还写出了《革命问答》，附在书中送给购书人。他的思想也倾向了革命。有一年，清政府为慈禧太后庆寿，令家家户户张灯结彩，悬挂"万寿无疆"横幅。徐敬吾也在书铺门口挂了个红布条，写上"万寿无疆"，但把其中"无"字写成了"失"，便成了"万寿失疆"。这还不算，他又在旁边加上两条标语："请看今日之域中，竟是谁家之天下。"还有一回，他在茶馆中慷慨演说，宣传革命道理，结果被抓了起来。官府本想判他重罪，但某官员认为他的名字怪诞，怀疑他有精神病，最后把他释放了。从这件事情中可以看出，在清王朝丧权辱国之时，它的权威已大大丧失，宣传革命的浪潮已不能遏制，无怪武昌起义的枪声一响，偌大的帝国顿时土崩瓦解。

七　夏瑞芳与商务印书馆

　　19 世纪 90 年代后期，中国社会十分活跃，这给出版事业的发展提供了便利条件。于是在官书局和教会出版机构之外，出现了民间出版机构。这些机构中建立最早，办得最成功，延续时间最长，影响最为深远的是商务印书馆。

　　商务印书馆的创办人是夏瑞芳、鲍咸恩、鲍咸昌、高凤池 4 人。

　　夏瑞芳又名粹方，江苏青浦人，1871 年生于一个贫苦家庭。父母在上海谋生，一个做小贩，一个给人当保姆。他被寄养在家乡的亲戚家里。11 岁时，他来到上海，在一个美国牧师的帮助下，进了教会清心堂办的学堂读书。在这里他结识了鲍咸恩、鲍咸昌兄弟，后来又娶了鲍氏兄弟的妹妹为妻。鲍氏兄妹的父亲是清心堂的牧师，他们兄妹都信仰基督教，自然夏瑞芳也成了一个基督教信徒。清心堂书院附设印刷工厂，学生边学习，边到工厂做工，在文化知识以外，还可以学点印刷技术。故鲍氏兄弟由书院毕业后，先后都做了印刷工人。鲍咸昌进了美华书馆，在那里工作的还有他们的同学知己高凤池。鲍咸恩进了英文捷报馆。夏瑞芳毕业后，先入同仁医院学医。当时医院规模不大，学习不十分正规。既无一定的医科科目，又不能授予资格。他感到没有发展前途，一年后离开医院，先后进文汇报馆、字林西报馆和捷报馆做英文排字工。由于他聪明好学，不久便当上了捷报馆英文排字工的负责人。当时外文排字工的工资较高，夏很快便积累下了一小笔钱。虽然捷报馆待遇较好，但英人经理对待工人十分粗暴，夏瑞芳和鲍咸恩心中很感痛苦。两人同鲍咸昌和高凤池商量，打算脱离捷报馆合股开一个印书房。因为大家都是亲戚好友，意见很快得到一致。经过粗略估算，建立印书房资本最低须几千元，他们虽都小有积蓄，但凑足这笔钱仍有困难。于是他们托人找到一位天主教徒叫沈伯曾的作大股东，认股1000元，总共集资3750元。他们购置了几件必需的印刷机器，在上海江西路德昌里租了三间小房，于1897年2月起正式营业。

这个小小印刷所最初很简陋，只有2部手摇印刷机、3部脚踏圆盘机和3部手搬压印机，总共雇有10来个工人。经营的业务大抵是小件印刷品、账本、表册之类。"商务"之名就是根据这些业务，由鲍咸恩的大姐给起的。当时只有26岁的夏瑞芳，在几位股东和经办人中年纪最轻，但他豁达大度，有远见，精明能干，上自经理，下至校对、收款、用料、采购等都由他一人担了起来。同时他还一度为人作捐客。为了使新建的印刷所站住脚，他和同事一开始就采用西文铅印技术，力求印刷清楚醒目。当时上海印刷机构不少，讲究质量的不多。一些报社、书馆发现商务印书馆的印刷质量高，纷纷前来联系。当时的印刷纸张普遍采用毛边、毛太、连史3种，价格较贵。夏瑞芳首先想到用有光纸印刷。这种纸一面粗糙，一面光滑洁白，一半像毛边纸，一半像连史纸，价格比另两种纸便宜2/3，这就为馆中节约了开支。后来有不少书坊，也学商务的办法，采用有光纸，托夏为其代购这种纸，商务又因此获得一笔代购费。

当时正值变法前后，大力提倡翻译西书之时，一般青年学习外语热情很高。夏瑞芳看准这个形势，把教会学校中用的英文课本，请人加上汉语译文，并附上白话注释，先后出了《华英初阶》、《华英进阶》等书，销路极好。商务的资本也逐渐增加。

为了扩大经营，商务印书馆很注意节俭办厂。经办人工资不高，夏瑞芳月工资仅有24元。初期，股东不分红利，凡有盈余都用作扩大再生产的资本。1900年，上海一家日本人开办的修文书馆因经办不力，濒于破产，决定出售。经人介绍，夏瑞芳果断决定买进。结果以较小的花销得到了先进完备的大小印机、铜模、铅字切刀、材料，等等，使商务印书馆设备得到充实。1901年改为有限公司，扩充股份，原发起人的股份额上升7倍，又招收新的股份，总股额达到5万元。以后商务印书馆不断设立新机构，扩大经营规模。1902年设立编译所，同年分设印刷所、发行所；1903年，在汉口设立发行所；1905年，接盘了直隶官书局，将其改为印刷分厂；1914年又接盘中国图书公司。馆中资本增长很快，1903年达到20万元，1905年为100万元，1913年为150万元，1914年为200万元。

1903年，日本最大的教科书出版商金港堂因为勾结文部省，刁难其他出版社，贿赂各县教育当局，以期独家售书的事被揭露而受到重大打击，失去了在国内出版界的垄断地位。金港堂主人派女婿山本条太郎在上海调查情况，打算在中国投资。山本在上海三井洋行当经理，同夏瑞芳很熟，看到夏经营的商务印书馆管理有方，生意兴隆，便有意与夏合作。夏瑞芳考虑商务虽已粗具规模，但印刷工具、技术还不能与日本人匹敌，如果对方与其他人合作，竞争市场，商务可能不是对手。相反如果同意合作，倒可以利用外资和外国人的先进技术，提高自己的印刷能力。权衡之后，决定答应合作。经过磋商，日方出资10万元，商务原有固定资产5万元，另凑5万元现款，以对半资金合股。新馆改为股份有限公司，仍以商务之名注册，按中国法律，日方只出监察一人，夏瑞芳仍任经理，董事会成员均为中国人。同时聘请日本技师襄助印务，但中方不满意时有权辞退所聘日人。这些条件显然对中方有利。合股之后，日方派出了在编辑教科书方面有丰富经验的长尾槙太郎，做商务印书馆编译所东方部顾问，给商务编辑出版畅销的《最新教科书》提供了很大的帮助。日方派来技师，传授了照相落石、铜版雕刻、黄杨木雕刻、五色彩印等先进技术。夏瑞芳也得到机会去日本考察，学习日本人的管理经验，这些都有力促进了商务印书馆的发展。

为了保障合股中中方的有利地位，夏瑞芳等又在国内大量招股，同时限制日方加股。几年之后，中方股份便超过了日方。到1913年时，馆中中方股份占3/4，日股占1/4。民国成立后，商务印书馆力量已十分雄厚，为求完全独立发展，夏瑞芳决定收回日股。由于事业发达，获利丰厚，日方一开始不愿撤股。双方经长期交涉，夏瑞芳十几次往来于日本、上海之间，并作出极大的让步，给了日方优厚的条件，终于征得了日方的同意，1914年1月6日正式签订收回股份的协议。商务印书馆重新成为中国人自办的民族出版企业。

夏瑞芳的最大长处在于他礼贤下士，求才若渴。1901年他在业务往来中结识了著名的维新派人士张元济。有一次商务印书馆托人收买的日文翻译书稿销路不好，夏拿去请张元济审查，才知道这部书稿翻译质量不高。夏认识到要想保证业务的顺利，必须有文化素质高，懂外文，目光远大的人在选书、译书等方面把关，于是屡次邀请张元济到商务印书馆来主持编译所。张元济原来在盛宣怀办的南洋公学任职，月薪100两银子。他开玩笑地对夏说，公学月俸350元，商务能出得起吗？夏一口答应下来。不久，张因与时在南洋公学担任监院的美国人福开森相处不洽，又见夏诚意相邀，且见夏确有办大事的抱负，遂答应了夏的请求，向盛宣怀辞去南洋公学的职务，与闸北翻砂厂老板印锡章二人一同投资加入商务印书馆的股东行列。

后来张正式担任了商务印书馆编译所所长，逐渐成为商务的决策人。夏瑞芳作为总经理，对他言听计从，全力支持，从不掣肘干涉，对张介绍的新人个个欣然引进。

很多传记、回忆都说到夏瑞芳具有很好的基督教徒的品格：爱人如己，视敌为友，性情恳挚，和易宽厚。他的这些长处使他与同事相处十分融洽。他恭称编辑人员为"老夫子"，叫工友称他们为"师爷"，不仅予以高薪，且供给膳宿，以至茶叶水烟。这样一来，商务不断引入了一些高层知识界人士，提高了工作人员的素质，增高了印书馆的声望，也促进了业务的发达。

1914年1月10日，商务印书馆收回日股的公告在报上登出的当天傍晚，料理完公事的夏瑞芳走出印书馆发行所大门，正准备上马车，突然有暴徒从背后开枪射击，子弹打入夏的左肩，从前胸斜穿而出，正中心脏。闻声赶来的同事，将夏送往医院。夏伤势严重，口不能语，还未到医院便停止了呼吸，时年仅43岁。

夏瑞芳被刺在上海新闻界引起很大反响，大约一个月时间里，《申报》连续报道事情的经过及原因的推测。有人说是日方因为商务排斥，施以报复；有人说与黑社会的敲诈有关，但都没有确凿证据。刺杀夏的凶手王庆余当场被警察逮捕。经审讯，王供认是受一个叫周栖云的人所指使。周直到3年半后才被捕获。当租界工部局要求商务印书馆方面同夏被刺现场的马车夫对质时，张元济考虑到事情可能对夏瑞芳的遗孀不利，因而放弃了对质和追究。夏瑞芳被刺是民国时期众多名人被刺案中的一件。据说夏瑞芳的葬礼十分隆重，有二三千人参加，由此亦可得见商务印书馆社会影响之大了。

八　张元济与商务印书馆

商务印书馆的创立与夏瑞芳分不开，它的迅速发展和多年在出版界立于不败之地则与另一个人分不开，这人就是张元济。

张元济，字筱斋，号菊生，浙江海盐人，生于1867 年，18 岁成为秀才，23 岁中举人，1892 年 25 岁时中进士，授翰林院庶吉士，后改为刑部主事。不久甲午战争起，国内要求变法呼声增高，张和一些倾向维新的进步人士组成健社，创办通艺学堂，讲论治平之道，学习西学。张本人感到外交事务是国之大事，因而考入总理各国事务衙门，任"章京"，负责处理衙门中的文案。百日维新开始后，张元济和康有为等一起作为被举荐的"通达时务人才"，受到光绪皇帝的单独召见。政变发生后，他受到革职"永不叙用"的处分。张元济入总理衙门时，李鸿章为总理衙门大臣，是张的顶头上司。张被革职后，李委托亲信盛宣怀予以关照，于是张到了上海盛宣怀办的南洋公学，协助盛筹设书院。不久，他出任南洋公学总理兼译书院院长。在此期间，他与蔡元培等人创办《外交报》，委托商务印书馆印刷、经销，认识了能干的出版经营家夏瑞芳，成为夏的经营伙伴。

和夏瑞芳等人不同，张元济出身进士，出入过宫闱，与上层人物乃至皇帝有过接触，又参加过维新运动，懂得西文，有着从普及教育入手救国济世的思想抱负，可以从更高的角度考虑印书事业的发展方向，并较准确地把握时代需求，组织有较高文化素质的编著者队伍。他刚刚投资商务之时，就请著名翻译家严复和另一位英语高手辜鸿铭为商务印书馆正在编辑的《华英音韵字典集成》作序。他还推荐自己的同乡、同庚、同科进士，同入翰林院为庶吉士，同样有着进步思想，热心教育的蔡元培协助商务主持编务。当时正值清政府颁布改书院为学堂，州县多设蒙学堂的规定之时，张元济即约著名的思想界人士杜亚泉编辑蒙学堂语文课本《文学初阶》。

这位杜亚泉就是五四时期宣传东方文化，与新文化领袖陈独秀笔战的"伧父"。他早年不热心科举，为求实学发愤读书，于数学、物理、动植矿物、医药、政治、法律无所不通，曾独办亚泉学馆和《亚泉杂志》，刊载数理化文章，成为中国最早宣传自然科学的人。他编的《文学初阶》浅显易懂，内容有近代科学知识、中外史地人物介绍，并附有简单的教授法，十分受就学者和教学者欢迎。后来他应聘担任了商务印书馆理化部编辑主任，先后编辑了《最新格致教科书》、《最新笔算教科书》、《共和课本新理科》、《新撰自然教科书》、《植物学大辞典》、《动物学大辞典》、

《高等植物分类学》、《下等植物分类学》、《动物学精义》等书。他还长时间主编商务印书馆创办的《东方杂志》，为我国自然科学教学的普及，文化事业的传播作出很大贡献。

张元济聘任的另一个重要人物是夏曾佑。夏字穗卿，1890年中进士，与梁启超为契友，又同严复一起创办《国闻报》，从严复那里接受了进化论思想。1902年，张聘他编写《中国历史教科书》，夏摒弃了传统史学的纪传、编年、纪事本末三种编撰方法，应用章节体编写，并在进化论指导下，将历史进行了分期，从而创下新体通史写作的体例。此书1903年5月出版第一分册后，多次再版，1933年改名为《中国古代史》，收入《大学丛书》，1955年又经三联书店重新印刷，前后流行60年之久，是奠定近现代中国历史科学教学与研究基础的一本著作。

1903年，商务印书馆与日本金港堂合资后不久，张元济又聘请高梦旦入馆。高名凤谦，1897年曾投稿《时务报》，提出废除跪拜之礼，很得维新派领袖梁启超的赏识。入商务前一年，他作为浙江大学堂的总教习被选派赴日本作留学生监督。他思想进步，热心教育，为人坦诚，急公好义。张元济聘他担任国文部主任。他进馆之后，立即与张元济一起修改蒋维乔已编好的国文教科书。他们多次集会讨论，针对以往教科书在文字、思想内容、材料撷取诸方面存在的缺点，一一加以革新。全套教材采取普通文字，由字而词，由词而句，笔画由简而繁，取材以儿童熟悉的身边事物为主，内容涉及居家、处事、农工商业普通知识，又载有古代圣贤的嘉言懿行，同时又注意破除陈规陋习。由于课本结合实际，适应时代要求，审慎周详，编排科学，这套《最新国文教科书》大受社会欢迎，第一册 4000 本上市几天即全部售完。该书在辛亥革命前后行销 10 余年，发行量达到全国各家同科教科书发行量的 60%。高梦旦由此成为商务印书馆的核心人物之一，在馆中 30 多年，为商务印书馆的发展作出贡献。"五四"期间，一度担任编译所所长的他，自感外文程度不佳，主动请求让贤，后来由胡适推荐王云五接替了他的位置。又当年届 60 之时，他主动提出退休。董事会一致挽留，高不从，竟不到馆上班。后来董事会勉从其请，高遂以董事身份，仍像以往一样为公司尽力。高梦旦的这些高尚品格，从另一方面反映了张元济的知人慧眼和商务印书馆传统的宽容敬业精神。

在著作者中，前面提到的清末两大翻译家严复、林纾都是商务的长期合作者。张元济还在南洋公学编译所时，就以 2000 元重金买下严复 15 万字的《原富》，又出版了严复的《支那教案论》。到商务后，独家出版了严复的《群己权界论》、《社会通诠》、《法意》、《名学浅说》，又将别家刻印或出版的严译另四部名著再版，有的版本一印再印，如《天演论》到 1921 年已印刷 20 次，《群学肄言》到 1919 年已印刷 10 次，《名学浅说》到 1921 年已印 11 次。张元济还为严译《原富》编制译名对照表。后来商务出版的《严译名著丛刊》全部加上了译名对照表。可以说，严译名著的出版和产生重大社会影响，与张元济和商务印书馆的工作是分不开的。

张元济不仅付给严复很高的稿费，而且应严复的要求给予很高的版税，这给一生清廉，究心学术研究和思想启蒙的严复生活上以经济保障。民国成立后，严复很少担任公务，主要靠存在商务印书馆的稿费和版税为生。1919 年他在商务印书馆的存款有 2 万元，1921 年他逝世前拥有商务印书馆股份 500 股。

林纾一生翻译小说 179 种中有 140 余种是在商务印书馆的《东方杂志》、《小说月报》、《小说世界》，或作为单行本出版的，有的则编入《说部丛书》、《万有文库》。此外，商务还专门出版过《林译小说丛书》。可以说林译小说的流行，林纾的出名也离不开商务。林纾也从商务得到大笔稿费，成为商务的股东。商务印书馆几乎是他一生后 20 多年间唯一的生活费月来源。当然他也给商务带来丰厚利润，因此张元济等对林纾也异常爱护。林纾后来的译作质量下降，张元济有时要亲自审读，并动手为其作译注。有的实在不能出版，张元济仍嘱咐工作人员收下书稿，照付稿费。

除严复、林纾外，蔡元培也得到过张元济和商务印书馆的极大帮助。夏瑞芳初邀张元济时，张曾推荐同在南洋公学担任特班总教习，后作中国教育会爱国学社社长的蔡元培兼任商务印书馆编译所所长。以后，张又和蔡及高梦旦合编《最新修身教科书》。1906 年蔡元培赴德国研习学术，后来又举家赴法国。为帮助蔡元培解决生活问题，张元济特约蔡在国外为商务编书，每月致酬 100 元，解除了蔡的后顾之忧。蔡先后依约撰写一些论文寄给商务，供《东方杂志》等刊载。又著译了《伦理学原理》、《中国伦理学史》、《哲学大纲》等书，由商务出版。其中《伦理学原理》一书在国内一度颇为流行。青年毛泽东 1917 年在长沙师范学校就读时，仔细读过此书，并写下了一万数千字的批语，从中得到不少的教益。

张元济对商务印书馆出版设备的改进也十分关心。在早期官私各类印书机构中，商务印书馆在先进机器的引进，旧有机器的改造，新的技术发明方面是较为突出的。如在铸字方面，1909 年，商务印书馆创制了 2 号楷书铅字，结合照相、铜模浇铸、电镀等方法，使原来"不精审美"的宋体字变得"极为精美"。1915 年、1919 年先后用照相方法采用宋元精椠镌刻"古体活字"和"仿古活字"，"停匀秀美，整齐雅观，排印善本，古色古香，妍妙无比"。1919 年创"注音连积字"，将注音字母及汉字合制一模，为排字的迅捷和校对带来便利。1913 年首用汤姆生自动铸字炉，每日铸字 1.5 万多枚，大大加快了铸字工效。在制版方面，1900 年吸收日商修文印书局后，首次用"纸型"（即纸版）印书。1921 年又购入新式制纸型机器，用强力高压纸型原纸，一次完成，比旧式纸型制作须经覆纸、涂浆、刷击、垫压的方法减少了工序。1904 年首先采用黄杨版。1909 年先后请日本和美国技师改进锌版。同一时期，请美国技师试制三色版。1912 年，首用发电机代替手工蜡型镀铜版，加快了制版工效。1920年首用直接照相石印法。1921年采用了彩色照相石印版（又称影印版）。1915年购得海立司胶版机，1922年购进英国双色胶版机，加快了平版印刷速度。1923年聘美国技师，采用新式雕刻版复制术及环转凹印机，改进了凹版技术。1923年聘德国人海尼格，采用影写版技术，用于杂志插图、风景名画，"精美无与伦比"。在印刷机器方面，1919年引进较先进的"米利印刷机"，1922年又引进了德国滚筒印刷机，速度大为提高……可以说，商务印书馆在20世纪初20余年间中国印刷术吸收英、美、德、意、日等国家先进技术，不断改进的过程中起到了极为重要的作用。这些当然与此期商务印书馆的实际决策人张元济相关。

值得提出的是，张还亲自动手改造姜别利发明的元宝式排字架。元宝式字架呈三面包围形，阻隔光线，占地方大，排工站立在中间，工作十分辛苦。后经申报馆仿日本技术，改为统长架，解决了占地、光线问题，工人辛苦依旧。张元济有见于此，反复琢磨，提出一种新方法：分所有铅字为常用、冷僻两部分，做塔形轮转圆盘两个，贮放常用字，另造一推方盘贮放冷僻字。常用字分庋在两个木柜上，排字工坐在两柜之间及两圆盘斜角处的一个转椅上取字，圆盘高低与工人身体相齐，取字十分方便。推方盘制成插屏型，可移动，放在工人身后，需要时转动身体即可取到。这一改革，缩小了字盘占地面积，同时极大地减轻了排字工人的辛劳。

张元济决不把商务印书馆当成单纯的出版赢利机构。他进入商务之时，就与夏瑞芳约定："吾辈当以扶助教育为己任。"夏表示理解和支持。有一件事表明了张、夏在此问题上意见一致。1906 年浙江省湖州府归安有个陆树藩要出卖其父陆心源置下的皕宋楼藏书。这批藏书多达十二三万卷。所以称作"皕宋"，是说其中有二百部珍贵的宋版书。宋版书本来难得，皕宋楼的宋版书尽管与实际数字未必相符，可确证的近百部宋版书，也足以说明这批藏书的珍贵。当时一个日本人闻讯前往查看交涉，因索价太高没有成交。夏瑞芳得知消息后，立即和张元济商量，表示要出资 8 万银元买这批书。当时商务印书馆还处在发展期，8 万元占了全馆总资本的五分之一。肯花这么大的本钱买一批书收藏，夏的气魄和见识是令人佩服的。张元济找到陆树藩交涉，陆坚持要 10 万元。张一边嘱咐陆不要把书买给日本人，一边四处筹款。不料等款子筹齐时，陆已把书以 10.8 万元的价格买给了日本财阀岩崎开设的静嘉堂文库。这批书虽没有买到，但却促使张元济下更大的决心购置珍贵书籍。此后，商务陆续购进了会稽徐氏熔经铸史斋、长州蒋氏秦汉十印斋、太仓顾氏谀闻斋的藏书。

1909 年张元济建立涵芬楼，取涵藏芬芳书香之意，作为商务的藏书馆。以后，他又四处搜求，特别是每到京师，往往"叩门求售"，"必捆载而归"。又相继购进清廷宗室盛氏意园、丰顺丁氏持静斋、江阴缪氏艺风堂等处的藏书。涵芬楼的藏书愈来愈多，到 1924

年 5 月，商务印书馆在宝山路总厂对面建起一处占地2600 平方米的五层大楼，作为新的藏书处所。1926 年值商务建馆 30 周年，经张元济提议，成立了东方图书馆，对外开放。涵芬楼成为馆中专门收藏善本书的一个部门。

东方图书馆到 1931 年时，已藏有中文图书 26.8万余册，外文图书 8 万余册，"凡古今中外各科学术上必需参考书籍无不大致粗备"。其中最为宝贵的是，有宋版书 129 种，2500 余册，元版书 179 种，3000 余册，明版书 1449 种，1.5 万余册；有全国 22 省齐全的省志和府厅州县志 2641 种，25682 册，以及全套荷兰版《通报》，英国亚洲文汇所编《学报》，福州、上海版《教务杂志》，早已绝版的香港版《中国公报》，号为远东孤本持续出版 100 多年的德国《李比希化学杂志》等。当时馆内总藏图书杂志数量达到 40 余万册，另加各类图表、照片 5000 余种，其规模列国内图书馆之首，被称为东南图书馆巨擘。据当年统计，一年中赴东方图书馆阅览者达到 3.6 万余人。不料这所大图书馆在 1932 年"一·二八"事变中遭到日本侵略者飞机的轰炸，几十万册医书除少部分移到他处外，全被焚毁。

张元济为商务收藏了大量善本古书，除为编书参考外，还有一个目的，就是保存民族文物不被侵略者掠走或流失损坏。他曾说，保存文化"事关国家，士与有责"，这些难得的古书旧本，"若无公家之保存，将来终归澌灭"。

　　为了使那些行将就损的古本书得以流传，并为社会服务，从1914年起，商务印书馆即开始影印古本图书。初期影印书有《唐四家文集》、《五唐人诗集》、《唐六名家集》、《唐人八家诗》、《元人十种诗》等；1916年，辑印《涵芬楼秘笈》。自此到1940年影印最后一部《稼轩词》为止，其间影印、排印古籍极多，都是在张元济的主持下进行的。

　　张元济影印古书绝非迎合时尚，随便找一本或几本有名的古籍拿来印印，卖出了事；而是通过这项工作，把有价值的古书整理出来，力求准确地保持它们的原貌。为达到这个目的，如何选择版本就成为重要问题。中国古籍数量大，同一种书有多种版本，其中有精有粗，影印必须选择最好的版本。而要找到最好的本子，先要广泛搜求各种版本。商务印书馆虽藏有大量古本，但仍不能满足这种要求。于是，张元济四处借书。如影印《四库全书》珍本，商务向国内外52家公私藏书单位借过各种版本。其中整部图书即达277种，外加数量极多的零篇散页。

　　借书一要保证按期归还，丝毫无损，以建立信用。否则信用一失，便不会再有人出借。为此，商务每借一处的图书，都要按书主申报的书价向保险公司投保。有时书主不允许搬动图书，商务便派人到藏书者家中摄影拍录，精心至极。二是要给出借者相当价值的报酬。有的出借者索要商务所藏珍贵书籍，以至于张有时也不得不忍痛割爱。有的则悬出极高的借价。据张元济的一封信说，他为影印百衲本《二十四史》，向李盛铎借宋版《汉书》、《后汉书》、《晋书》共三部，李要价万元。

选择底本也很有学问，通常选本大多重视初刻，因初刻本错误较少，但并不是要影印的书都能找到初刻本。没有初刻本，只能用翻刻本。翻刻本一是容易有错，一是因翻刻时代的原因，可能出现对原本的改动。还有商贾卖书时作伪，撤掉后刻本中序文、牌记，以冒充旧刻、旧本出售。这便需要在多种翻刻本中反复比较鉴别。张元济不仅对搜集、选本等各环节极为重视，而且本人也有渊博的版本、目录、校勘等多方面的知识。

百衲本《二十四史》的影印，集中反映了张元济对工作的一丝不苟及其知识的丰富。

"二十四史"包括《史记》、《汉书》、《后汉书》、《三国志》、《晋书》、《宋书》、《南齐书》、《梁书》、《陈书》、《魏书》、《北齐书》、《周书》、《隋书》、《南史》、《北史》、《旧唐书》、《新唐书》、《旧五代史》、《新五代史》、《宋史》、《辽史》、《金史》、《元史》、《明史》，共 24 部纪传体史书。其中记载了自黄帝到明末约 4000 年的中国历史，是被称作"正史"的中国古代史籍的代表。

《二十四史》习刻是在清朝乾嘉时期，称武英殿本，也称殿本。殿本虽各史齐全，并对以往的刻本错误作了些补正，但其本身仍有一些脱漏，并且有些地方按照清朝统治者的需要将原文作了改动。清末学者叶德辉曾说："有清一代提倡朴学，未能汇集善本重刻十三经、二十四史，实为一大憾事。"

为了印出一部完整准确的《二十四史》，张元济广收各史古本，进行认真校勘，选出最好的善本作为底本，再以各种版本补正选定的底本。这样整部《二十四史》由上百部刻本补缀而成，有如僧服的"百衲衣"，故名《百衲本二十四史》。这项工作仅准备阶段就用了10年。1927年张元济离开总监理岗位的第二年，编定出拟用版本目录，后来的选本基本据此目录。大抵除《旧五代史》、《元史》、《明史》外，都采用宋元的版本。唯一的遗憾是《旧五代史》没有找到薛居正的原本。该书为宋太祖赵匡胤开宝年间由参政薛居正监修而成。后欧阳修重修五代史，薛史被认为繁琐失实而废去。实际上薛史与欧阳修的《新五代史》各有优缺点。明代辑《永乐大典》时收入《旧五代史》，但不是薛氏原本。清武英殿本录自《永乐大典》。据说薛本仍存民间，故商务印书馆曾出广告悬重金求书，没有得到。另外，《周史》本拟用涵芬楼所藏眉山七史本，该本中70%到80%的部分是以宋版刊出，且印制极精。但一·二八事件时，该本正在工厂摄制，不幸被炸毁，不得不采用另一部元明补版本。

百衲本《二十四史》1930年开始印刷，不久发生一·二八事件，已成的部分书及制成的版全部化为灰烬。幸亏校本存放在张元济家中，得以躲过灾难。1933年底，一至三期书印出。1937年全书告成，共3301卷，分订820册。在此期间，张元济亲自担任全书的总校对，据说每页书他要校上几遍，最后付梓时，要逐页签字。当时他已年逾70，每天校两批书，上午10时第一批书送至他家中，下午3时取回；4时又将第二批校样送来，第二天早9时取回。如此工作，六七年间从未耽搁。甚至他在庐山避暑时，校样也要经邮局寄往那里。张元济还在每一部史的后面写上跋文，记录版本、底本以及错漏修改情况等。全书完成之后，他又撰写《校史随笔》，记述体会164则，给后人以知识及做学问方法上的启发。正是由于张元济等那样艰辛认真的工作，使商务的古籍整理和排印，赢得了极高的信赖和荣誉。新中国成立后海内外重新影印的一些著名古书，绝大多数采用商务的影印本。在点校整理古籍时采用的底本，也以商务的影印本居多。

张元济和商务印书馆为中国思想文化的保存作出了重大贡献。同时张元济的工作也得到了社会的高度评价。新中国成立前夕，83岁高龄的张元济作为特邀代表参加了中国人民政治协商会议。新中国成立后他先后担任了华东军政委员会委员，上海市各界人民代表会议代表，上海文史馆馆长，全国政协委员和第一届全国人民代表大会代表。毛泽东、陈云、陈毅等党和国家领导人多次接见并与他谈话。1959年8月14日张元济以93岁高龄去世，此时他终身为之奋斗的商务印书馆已成为人民的出版机构。

商务印书馆创立、发展于中国近现代文化大变革时期，它全盛时在全国及海外设有80多个分馆，有职工3600余人。仅从1902年到1950年间，它出版的各类图书就达1.5万余种，2.8万余册。此数尚不包括大部丛书。它出版的教科书经常占全国教科书总量的60%上下。它出版了多种有影响的杂志，翻译了相当多的有价值的外文书籍。有人说50岁以上的读书人没有没看过商务出版的书的，这话是很可信的。除此之外，商务印书馆还与近现代史上许多著名人物的成长密切相关。中国共产党的著名领导人陈云早年曾在商务印书馆工作；中共早期党员杨贤江及新中国文化界的领导人沈雁冰、郑振铎、胡愈之等早年都曾任职于商务。著名的文化人士除已提到的蔡元培、蒋维乔、杜亚泉、胡适外，尚有梁启超、丁文江、赵元任、鲁迅、郭沫若、刘海粟、何炳松、陈叔通、黎锦熙、梁漱溟、顾颉刚、冯友兰、贺麟、叶圣陶、冰心、老舍、陈翰笙、竺可桢、茅以升，等等。这些人或任职于商务，或在商务出版过著作。可以说商务印书馆既是沟通这些著名文化人与众多读者之间联系的桥梁，亦是使这些著名文化人的才智转化为典籍文化的中介。它为近代中国文化、教育、科学事业的发展作出了重大贡献。

九　中华书局与出版竞争

　　1902 年，俞复等 3 人在上海创办了文明书局，发行蒙学教科书颇有影响，后来又以刊行《说库》、《清代笔记丛刊》、《笔记小说大观》等大量笔记闻名。书局内有一位 20 岁左右的青年职员，复姓陆费，名逵，字少沧，号伯鸿。此人原籍浙江，是清朝乾隆年间编辑四库全书时的总校官陆费墀的后人。他 18 岁在武昌办新学界书店时，曾加入暗中进行革命宣传的教会阅览机构——日知会，并成为该会的评议员。在入文明书局前，他还接办过汉口《楚报》，任过昌明公司上海支店经理。

　　陆费逵人虽年轻，但对一般人很少能兼长的发行、印刷、编辑出版三大部门业务样样精通。其时，商务印书馆的高梦旦经常代表该馆出席书业会议，认识了陆费逵，交谈之下，深深敬佩这位青年人的才干，并为其才不能为文明书局重用而惋惜。于是高将陆费逵介绍给张元济。二人与夏瑞芳商量后，以重金聘请其担任商务印书馆出版部主任。为了与陆费逵建立更深一层的关系，高梦旦还把自己的侄女嫁给了他。

陆费逵是个颇有心计、不甘屈人之下的人。他1908年进入商务，次年兼任新创刊的《教育杂志》编辑，工作出色，被称为"智多星"。不久，辛亥革命风潮涌起，清政府统治摇摇欲坠。商务印书馆中有人担心一旦时局发生变化，商务库存大量教科书的销售将成问题，请张元济组织预编一套适合于革命后新形势的教材。张虽素有远见，但智者千虑难免一失。他没有看清革命党即将推翻清政府的趋势，以为清廷一时半时不会垮台，所以没有接受同人的意见。但陆费逵却看准了形势即将巨变的前景。据说有人也征询过他对时局的看法，他肯定地表示，清政府尚有能干的督抚和相当的兵力，御外不足，理内却绰绰有余，革命绝不会成功。但暗中他却约了馆中几个关系密切的同事，准备了一笔基金，在自己家中秘密商讨编撰新的教科书。为了避人耳目，他们将编好的书稿委托一家日本人经营的印刷所印刷，陆费逵的弟弟亲往校对。当武昌起义成功时，新书已大部分编完印出。陆费逵同戴克敦、沈知方等人立即向商务印书馆提出辞呈，随后于1912年元旦在上海福州路以2.5万元资本，成立了新的书局。因时为中华民国的元年，书局的名称即定为中华书局。年仅27岁的陆费逵担任了中华书局的总经理。就在这时，民国教育部公布了普通教育暂行办法，改学堂为学校，修改旧存教科书，使其"务合共和民国宗旨，前清学部所颁及民间通行教科书中有崇清及旧时官制避讳抬头等字样，应逐一更改"。这一规定使商务印书馆及其他书馆存有的那些印有"龙旗向日飘，皇帝万万岁"一类字样的课本顿成明日黄花。而中华书局的载有"我国旗，分五色，红黄蓝白黑，我等爱中华"内容的课本却正合时代所需。于是一套名为《中华教科书》的中小学新教材，在1912年春季学校开学前上市，一举取代了其他各家，几乎独占了教科书市场。"赔了夫人又折兵"的商务印书馆赶紧组织人力按教育部的要求，编制出版共和国新教科书。但等这批书于半年后面世时，中华书局已经站稳了脚跟，成了商务的强劲对手。

陆费逵一脱离商务，就下定与商务一争高低的决心。他在中华书局股份有限公司宣言中列出书局出版宗旨："（一）养成中华共和国国民；（二）并采人道主义、政治主义、军国民主义；（三）注重实际教育；（四）融合国粹欧化。"可见他办出版颇带几分政治文化眼光。同时他还发表有关国民教育的建议，对课程设置标准，国语国音推行等问题提出诸多见解。他还聘请著名文化人士范源廉担任编译所的首任所长。范后来曾任教育部部长，在教科书出版方面给中华提供了帮助。

在书局发展方面，陆费逵一开始就注重规模的扩建，与商务印书馆摆开了竞争的架势。商务印书馆建成的第九个年头才在武汉建立第一个分馆，到1913年，在各省建立的分馆约20余个。中华则从1913年起，就在国内大城市普遍设立分局。到1916年已有分、支局40余处，职工人数达到2000以上。虽然他们资金有限，不能像商务那样由总局派人到各地分局代理处经营业务，而是采取和地方绅商合办的方法，但由于许多地方绅商熟悉本地情况，有自己的关系网，中华的方式反而有利于推销。

商务自 1904 年起创办《东方杂志》，以后陆续出版了《教育杂志》、《小说月报》、《妇女杂志》、《英文杂志》、《英文周刊》、《学生杂志》、《儿童世界》等。其中《东方杂志》先后由孟森、杜亚泉、钱智修等人任主编，开始时以剪辑各报记事论文为主，分辟有内务、军事、外交、财政、实业、交通、商务、杂俎等栏目，也登有社说、时评、选论。后经几次改良，到辛亥革命时期已逐渐成为刊载政治、法律、宗教、哲学、心理、伦理、文学、历史、地质、理化、博物、农工、商业之类"最新论著"及诗歌、小说、杂俎、游记、译载、时论摘要、大事记等众多丰富内容的杂志，销售量达到 1.5 万份，居国内各杂志之首。

中华书局建立后不久，亦相继发行"八大杂志"，即《中华教育界》、《中华小说界》、《中华童子界》、《中华儿童画报》、《大中华》、《中华妇女界》、《中华学生界》等。其中 1915 年 1 月创刊，由梁启超主编的《大中华》最为风行。该刊发刊词为《中国之前途，国民之自觉心，本报之天职》。陆费逵在卷首宣言中写道"《大中华》之目的有三：一曰养成世界知识，二曰增进国民人格，三曰研究事理真相，以为朝野上下之南针"。刊物的撰稿人有梁启超、吴贯因、谢无量、蓝公武、王宠惠、张君劢、张东荪、马君武、张謇、林纾等，均为当时名人。其内容以政论为主，还有专题论文、文苑、法令、时事日记、要牍、选报等栏目。该刊两年内出版 24 期，社会影响很大。

在辞书出版方面，商务发行《新字典》、《学生字典》、《国音字典》、《辞源》、《中国古今地名大辞典》。中华亦相应发行《中华大字典》、《新式学生字典》、《标准国音小字典》、《辞海》、《中外地名辞典》。其中1915 年出版的《中华大字典》收字 4.8 万多个，不仅较以往流行的《康熙字典》收字多，而且纠正了《康熙字典》中的多处错误，编排也更为合理。这本 2000 多页、400 万言的字典，编辑费时 6 年，参加编辑者三四十人，耗资达 5 万余元。至于《辞海》，则在商务出版《辞源》的 1915 年着手编辑，前后有百余人参加，直到 1936 年才正式出版。该书收单字 1.3 万个，复词10 万余条，成为当时辞书中的佼佼者。

在古籍出版方面，商务发行《四部丛刊》、《百衲本二十四史》、《清稗类钞》，中华则发行《四部备要》、《聚珍仿宋版二十四史》、《清朝野史大观》。

两家关于"四部"之书的竞争更成为当时出版界闻名的"双包案"。商务的《四部丛刊》由张元济主持编辑，选本中颇多善本，初编全书 323 种，8548 卷，1919 年初开始发行。1932 年"一·二八"前夕出第二版，由于日本飞机轰炸，书多被毁。1936 年又出编印本，分为精装、平装两种。中华的《四部备要》由陆费逵主持，也尽量采用善本，全书 351 种，11305 卷，订成 2500 册，1924 年起陆续出版，以后又印行精装点句本。

　　为了推销各自的产品，双方曾展开广告战。商务的广告说：《四部丛刊》照古本影印，不像一般排印本，印"鲁"为"鱼"，印"亥"为"豕"，错误百出。中华的广告针锋相对，说：《四部备要》据善本排印，多次校对，还订正了原本的错误，不像影印古本，有的以讹传讹，或因墨污印"大"为"犬"、为"太"，贻误读者。不仅如此，中华还独出心裁，以一字一元的重金，请读者指出《四部备要》的错误。虽然为此付出了几千元的费用，重印时却大大提高了质量。

　　在近世史方面，商务先后出有《清史讲义》、《清史纲要》、《清代通史》、《中国近百年史》、《中国近代史》，中华相应出有《清史撰要》、《清朝全史》、《清史列传》、《中国近百年史》、《中国近百年史要》。

　　此外，在藏书方面，中华也效法商务设立涵芬楼的做法，自1916年起设立藏书楼，并于1925年扩充为中华书局图书馆。到1930年，该馆藏书已达20万册。1935年时，更达到50万册。藏书中包括方志、丛书、金石书、医书、类书、禁书，其中有不少精本、珍本、稿本。此外，中华所出新型杂志、报纸品种全，数量大，为商务的东方图书馆所不能及。

　　中华书局与商务印书馆在竞争当中也有联手合作的时候。1914年，中华书局已有资本60万，第二年文明书局并入中华，实力又有增长。陆费逵雄心勃勃，设立编译所，扩大发行所，同时附设藏书楼。因基建投资过大，资金周转不灵，1916年想再招股140万，合成 200 万，在总资本方面赶上商务。但招股计划没有完成，书局副总经理沈知方又以公款投机生意失败，撤出中华，致使中华陷入困境，不能维持。中华不得不考虑与商务印书馆合并。双方协商后，草约已成。后有江苏武进人吴镜洲投入巨资，合并协议遂被取消，中华也才得有后来的发展。

此后不久，脱离中华的沈知方创办世界书局。沈先后在商务、中华做事，颇懂出版业务。他为了招徕顾客，把书屋门面全漆成红色，号称"红屋"。又发行一种周刊，取名《红杂志》，出满百期后，改称《红玫瑰》。由于经营得法，独资开办的世界书局逐渐发展为有限公司，规模由小到大，资金由少到多，后来竟也在各大城市开设了 30 余处分局、编译所、出版分部等。

最初，该局以出版小说为主，著名者有张恨水的《春明外史》、《金粉世家》，不肖生的《江湖奇侠传》，程小青的《福尔摩斯探案全集》等，其中武侠小说《江湖奇侠传》还被改名为《火烧红莲寺》，拍成电影十多集，轰动一时。

世界书局也尝试编辑教科书。沈借助教育界名人黎锦熙等的帮助，取得北洋政府教育部在书稿方面予以的方便，同时压低价格，加之有些教材适用性强，因而也在市场上占了一席之地。这种情况引起商务和中华的警觉。为了压倒世界书局，保持在教科书出版方面的垄断地位，本来存在矛盾的商务、中华联起手来，合资 10 万元开设了国民书局，编印新国民小学教科书一套，以赠送压价方法推销，试图挤垮世界书局。但因国民书局的教科书编得仓促，质量不高，没有收到预期的社会效果，不久书局也随之停业。

此后，沈知方并没有打消在教科书上竞争的主意。当他得知开明书店出版林语堂编的英文读本十分畅销，也请人编了一本《标准英语读本》。书出版后，被林语堂看到。林认为该书和他编的本子雷同，便怂恿开明书店主持人章锡琛请律师写信，要求世界书局停止发行该书，并赔偿损失。同时还在报上登出有关《标准英语读本》抄袭《开明英语读本》的广告。沈知方则以诽谤罪对开明提起刑事诉讼，亦请律师驳复开明的广告。此事双方纠缠了很长时间。后来沈把课本送到南京教育部审查，审查员认为世界书局的《标准英语读本》有独到之处，比开明的读本还要好些。但据说当时的教育部长蒋梦麟与林语堂关系密切，有意祖护林，因而禁止《标准英语读本》发行。不久教育部长换人，沈乘机把《标准英语读本》重新送审。结果，将书名颠倒了两个字，以《英语标准读本》获准发行。一场旷日持久的官司还是以沈知方获胜结束了。

除了教科书外，沈知方还想出其他一些办法以求在竞争中生存发展。例如，他把商务、中华的《四部丛刊》、《四部备要》等大部头类书化整为零，发行单本的《论语》、《孟子》、《中庸》、《史记》、《汉书》、《老子》、《庄子》、《墨子》、《荀子》、《文选》、《楚辞》等国学名著，以及《水浒传》、《三国演义》、《红楼梦》、《儒林外史》等古典小说。又刊印柳宗元、白居易、欧阳修、王安石、郑板桥等名家的诗、文、集、传记等。此外，还把原有的文字欠通、图画粗俗的小型图画书改成连环图画，专请一批能人，以"三国"、"西游"、"水浒"、"封神榜"、"岳飞传"等为题材编成了成套的连环画册，以低廉价格大批出售。"连环画册"一名即由此出现。

更有趣的是世界书局还出版过几种伪书，《石达开日记》便是其中的一种。石达开是太平天国著名的军事领袖之一，据说他死后曾留下四册日记，不知下落。有一位善写掌故小说的文人许国英因欠酒钱一时还不上，踌躇之时忽在报上读到一篇文章，揭发石达开的某一首诗是人伪造的，这倒触发了他伪造《石达开日记》的灵感。他找到沈知方，说两个月内可以整理《石达开日记》若干万言，交世界书局出版，请沈先付稿费200元。沈知方明知有假，但凭着丰富的经验，预见到此书定有销路，于是慨然应允。许领到稿费还了欠债，接着找到一本《石达开传》，根据书上所述内容，推测某段时间石达开所在地点及其活动，编出一部日记。世界书局则发布广告说：在四川某处找到石达开真迹日记数卷，特托人抄录，并将其中残缺不全者，参考各家记载加以补足润色，汇辑成书。该书出版后果然行销一时。

出版业的商业竞争是难免的事，精明能干的企业家想出种种办法推销自己的产品。正因为沈知方的机警灵活，使世界书局能在与商务、中华及其他出版机构的竞争中得以立足，并发展为仅次于商务、中华的上海第三大出版机构。但出版商也应具备社会责任感，以题材的广泛性、印书的质量和信誉来赢得读者，靠伪书赢利是不可取的。30年代中期，沈知方辞职，退居幕后，由陆高谊担任世界书局的总经理。后期书局由李石曾掌握，成为官僚资本，直到1950年，被新中国政府接管。

在出版竞争中，出版商推销自家图书的方法是多种多样的。30年代上海新文化书店的主持人范某发明过一种"一折八扣"的售书方式。这种方式是按图书定价一折价钱的80％收费，比如1元钱的书，一折为1角，再打八扣，只卖8分钱。以低于原价这么多的价格售书，看上去好像出版社赔了本，其实不然。出版社卖的这种书多是翻印、标点的古典小说、诗词，不必付稿费和版税，加之当时的纸张很便宜，印书成本相当低。而大打折扣的书价往往诱使很多人购买。第一版便可收回成本，再版和三版即可赢利。新文化书店用这种办法，一年就赚了20多万元。中央书店、广益书局等洞悉其中奥妙之后，竞起仿效。他们除翻印古典文学作品外，还刊印了一些明清杂俎、笔记，其中颇多流传极少的珍本。印刷技术也有所改进，校勘仔细，装订精美，很受欢迎。有些同行见"一折八扣书"如此赚钱，心中不忿，于是散布谣言说："一折八扣书"纸张含有毒素，阅读时有碍健康。新文化书店等出售"一折八扣书"的几家出版社立即联合登报辟谣，并在广告上登出医生证明此类书纸张无毒的文字。结果，读者购买更加踊跃。此后，仿效者越来越多，有的还打出"一折六扣"或"一折五扣"的价格；有的则把书价抬高，再打折出售。由于打折售书价格低，销路好，一些出版商渐渐不再注意印书的质量，印出的书粗制滥造、错误百出、文字不全。终于使打折书失去信誉，很少有人问津了。由此可见，一种好的推销方式会带来很高的利润，但必须有质量作保证。而那种只顾赚钱不问质量的做法，不仅害了读者，害了同行，而且很可能也害了自己。

十 开明书店内地卖书

　　卖书是出版事业的一个重要环节，特别是近代以来成立的私营出版企业印书、出版，主要是为了出卖。企业经营的好坏决定于书卖得多少，书局印什么书，印多少本取决于市场的需要，买书者的需要。

　　近代以前，就有书肆出现，如乾隆年间在北京琉璃厂形成的书肆聚集书铺 30 余家。时人李文藻著《琉璃厂书肆记》，记下当时的情况：

　　桥以东街窄，有书铺 20 余家，南北对望，左右相邻；桥西街宽，有书铺 7 家。书肆外尚有古董店及出售法帖，裱字画，雕印章，包写书禀，刻板镌碑等各类摊铺。遇科举廷试之时，则有卖试笔、卷纸、墨壶、镇纸、弓棚、叠褥等专供考生进考场用的物品。

　　100 多年后，又有著名学者缪荃孙著《琉璃厂书肆后记》，记下同光、民初几经沧桑变化的琉璃厂书肆情景：

　　乾隆年间的几十家书铺"久已不存"，又出现了新的楼、斋、堂、馆。此外，隆福寺亦建数家堂铺，火神庙正月庙会摆有书摊。打磨厂、兴隆店则有外来书贾货车聚集，"五更开市，各书陈列于此，论堆估值……价廉于厂肆"。至于书的种类，宋、元、明刻本旧籍仍随处可见，新书也不断增多，以至于"石印本、铅印本、天然墨触目皆是"，时代已非从前了。

与北京的琉璃厂相应的是上海的棋盘街，这里有建于明朝万历年间开设于苏州，后移来上海的扫叶山房总店，有光绪年间创办的文瑞楼，更多的则是戊戌维新后建立起来的书局、书店，如广智书局、广益书局、文明书局，等等。这些新建的书店已开始大量售卖《近世社会主义》、《十九世纪大势变迁通论》、《十九世纪欧洲文明进化论》、《俄国蚕食亚洲史略》、《现今中俄大势论》、《戊戌政变记》、《饮冰室文集》等新式图书了。

在新兴的书局、书店中，颇有一些像夏瑞芳、张元济那样以经营书业作为介绍新知、推广新文明的人。

上海有一家开明书店，主持人叫夏颂莱。1902年，南京举行乡试，家中长者要他前往参加。他本来对科考不感兴趣，但无法违背父辈之命，又想到可以利用这个机会推销一些图书，做点传播文明的工作，于是和助手一起带了若干书刊前往南京。

这一年已是戊戌维新失败后的第四年。清政府虽然镇压了维新运动，但阻挡不住国内日益发展的求新思潮，迫于各方压力，复于1901年宣布实行新政。新政措施有一条是改革科举考试的，其"变通科举章程"规定：自第二年起，考试在中国政治史事论和四书五经外，加上"各国政治艺学策"，包括各国学校、财税、商务、兵制、公法、刑律、天文、地理、物理、算术、制造、声、光、电、化，等等。故夏氏所带之书包括历史、地理、法政、经济、教育、科学等若干教材，多为新书。到了南京之后，他一边准备应付考试，一边设铺推销书籍。前来书摊光顾的大多是应考的各地士子。在大约一个月时间里，共卖出了图书3000余册。

售出的书中以历史书为多，共卖38种893册，其中《万国历史》版式较好，插图精美，最为畅销。《清史揽要》、《最近支那史》供不应求。《明治政党小史》因价格便宜，亦有不少买者。余如《十九世纪外交史》、《日本三十年史》、《现今世界大势论》、《东亚将来大势论》、《中国现势论》等也有买者。传记类的书，如《李鸿章》、《康南海》等，由于传主名闻海内，加上作者文笔流利，买的人很多。政法、科学、地理书售出数仅次于历史书，分别为27种533册，28种427册和19种331册。政法书以著名的严译《天演论》，谭嗣同的《仁学》，日本人加藤的《物竞论讲演集》中译本，金粟斋本《法学通论》，以及《宪法精理》、《公法论纲》等卖出最多。地理书畅销的有《世界地理》、《东亚三国志》和湖北舆地学会所刊的《大地平方图》。

科学类中以生理学书较为畅销，其中尤以描写婚姻、卫生学内容的卖出最多。由于此类书绘有人体图画，一些人视之为淫书，买时唯恐别人看见，白天和师友同来时不敢付钱取书，等到黄昏日落，趁人少时独自来买。此外，经济类书中理论著作不如记载著作受欢迎。文编类《策论新选》一书买者不少。报章类以《译书汇编》买者为多。小说类因所带者质量不高，难以引起读者兴趣。教育学、游学指南等均较少有人问津。

夏颂莱是个有心人。在卖书过程中，他对参加考试和前来购书的秀才们进行了仔细观察，不但记下赴考诸生的精神心态表现，还以带有进步思想的图书经营者的眼光，了解到购书者的一些特点：

第一，买书者绝大部分是为科考准备材料，如有的人张口即问有无《四书大全》、《五经备旨》，对"通鉴"、"纲鉴"名目也最易动心，《策论新选》一类书卖出多也大抵是这个原因。

第二，能读史地诸书的人已多起来，故"五洲五洋之名，时时露于谈话"。询问魏源所著《圣武记》、《海国图志》及《瀛寰志略》者"日以十数起"。这也是历史、地志类书售出多的原因之一。

第三，多数购书者对书的内容颇不留意，购书时一是看版式装帧或书名，二是看价钱贵贱。《万国历史》、《学术史纲》之类多销属于前者，质量好价格高的地图不如《普通地理暗射图》、《大地平方图》好销，属于后者。

第四，购书人中以辞章取书者为数不少，严复、梁启超、谭嗣同的书，"争相购读者，意不在其说之是非，不过讽诵其行文之法也"。中国人撰写的书比译书销路好，也是由于这个原因。

第五，购书者多寒酸之士，所购不过一二册，价廉者亦仅三四册，且往往反复打价。有谎称钱带不足，不顾脸面哀词乞怜的；有屡争不获，拂衣而去的；也有愤争怒骂的。

第六，相当一部分人对新书懵懂无知，求购时除科考用书，其余一概不问。有的对书铺提供的目录，茫然不知何物；有的索要"亚东地球全图"，引起知者哄笑；还有的问宁波、香港是什么意思。当然也有程度较高者，谈论时势，明白晓畅，索求法理、时局变故之书，"颇得要领"。但这些人毕竟是少数。

第七，整个购书人的比例还相当低，当时参加科考者2万余人，光顾书铺者不及一半，真正购书者只有千人上下，仅占应试者的5%。

购书者一般只能是读书人，以历来文明发达之地的江浙读书人，肯出钱购买新书的如此之少，一是说明读书人中多为贫寒者，二是表明一大批知识分子思想开化程度尚低。尽管如此，夏颂莱从买书者多为青年人这一点得出了"文化之将开，确可预卜"的结论。回上海后，他写了《金陵卖书记》一本小书，记下此番科考售书的见闻和感受，以"为输入文明者较准方针"，并展示当时社会的状况。当年，此书由开明书店铅印出版。

第二年，清政府的会试在河南开封举行，开明书店同人商议再次前往售书。这一次有股东王维泰参加。一行人于2月初天气尚寒冷之时，携20多箱200余种书出发。当时上海到开封的陆路难行，他们先乘江轮到汉口，转乘火车至信阳，再乘马车赶往开封。前后走了近半个多月，2月18日抵达开封。安顿行装之后，在考棚街租间房屋，挂上"开明书店专售新书"的牌子，并写了一些"广开风气，输布文明"的招贴，贴于大街小巷以招徕顾客。因打听到开封卖书多为临时议价，又须随买书者取款。衙门公馆更是选定书后，要人送到家中，约定取款日期，到时则托词迁延，或少给书款。所以，王维泰等人商量之后，将带来的书分门别类书写目录，贴在墙上，并在旁边写上"定价从廉，划一不二，送货记账，概不应酬"16个字。他又将随身带来的百余本《金陵卖书记》放在手边，准备随时送给那些骄傲自大，却又为购书打价，不顾脸面的人以为"药石"。开始，当地同行颇以为明码标价行不通。等到后来讲价者一律不让，衙门公馆，乃至太守派人购书，欲占便宜均不能得，不再讲价者渐渐多起来。在前来买书的人中，自然仍是参加科考的士人居多。夏颂莱所记南京售书情况在这里依旧呈现。

本来事前王维泰等考虑到开封地区仍多用银两交易，故刻印了一本书目表，分类标目，重要的书还加以内容提要，并按比例将原书银元价改作银两价。此价目表因不收费，索要者很多。但买书的人中大多数仍弄不清目中部类，随便索要一本书，翻开看上几页，随手合上，再要一本。就这样，少则几种，多则十几种。有翻上十来分钟的，有看上个把小时的，却很少翻看目录、序文说明。

多数人仍是为预备考试买书，因此，历史、地理，

85

《通鉴辑览》、《史论大观》，以及便于考场夹带的参考书《心声斋策论》、《强聒》等卖出最多。伦理学、教育学、生理学、物理、地质、矿类书，问及者很少。《初等国文教授》、《植物学》、《动物学》一类学堂中善本教材，亦鲜有买者。法律、外交等书买者稍多，但多为本地官衙幕府中人。此外，王维泰等所带《周礼政要》30 部，没几天就卖完了，随后求购者仍络绎不绝。王维泰等人只好在门旁写上"《周礼政要》已完"的布告。此书备考用处不大，问买者为什么抢购，大多数人竟说不出所以然。在购书人中，有一些阅过书目，或看过招贴而来的，选书很有条理。这类人中大抵以直隶、两湖籍人士居多，其次是山东、陕西、四川。至于江浙、闽、粤籍人士或因多在上海购书，到铺中买书者不多。

像夏颂莱一样，王维泰也以一个进步售书人的眼光，对此次参加会试的各省五六千名举人作了观察。他以购书的种类为标准，将购书人分为七个品级，以"七级宝塔"作比喻。最下层也是最大多数，是那些完全没有脱离出八股辞章窠臼的人。这些人买书开口必问《通鉴辑览》、《经世文编》，以至《子史精华》、《四书味根》、《五经备要》。好一点的则求购《商榷》、《札记》、《掌故汇编》、《九家古注》、《七经精义》，这类人算是旧学中"已得门径者"。再好一点的求购《朔方备乘》、《航海图经》、《泰西新史》、《政治艺学全书》，此类人算是有了一些由旧向新过渡的思想。再好点的，关注公法、路矿、学制、兵政，询购东西方译书，这类人虽眼下仍究心得第入仕，但将来有可能进一步求有用之学，算是中等的。再好些的，则已注意考察理化、工商、殖民政策、建国主张，这类人已非介意科场得失之人，是上乘者。再好些的则留心民约、社会、立宪、国法，此类人已属相当进步，行止方针亦已有定向，为更上乘。最好的则"平日立定宗旨，不辞义务，学有门径，善自韬晦，意在枉尺直寻"，这类人是"能造世界之英雄"的上上乘，千百万人中找不出一两个。

王维泰的这种观察推断不只是对买书人的分类，也是对其时中高层知识分子品级的一种判别了，虽未必科学，却颇有几分道理。它为人们了解晚清时代一大批中高级知识分子在社会变动过程中的复杂思想状态提供了参考。

回到上海后，王维泰将开封卖书经历写成了《汴梁卖书记》。同年铅印出版，此书与《金陵卖书记》堪称姊妹篇。二书篇幅不长，描写生动，讥讽时弊，颇具有眼光。所述内地当时图书销售行情，购书者心理表情，书商经营办法等等是从一般材料中难以了解到的。而这些情况还可以使后人隐约看到当时图书出版发行的某一个侧面。

十一　清末民初的出版法

　　出版法是国家为了管理出版事业，保障出版经营者合法权益，规定其应承担的义务所制定的法律。

　　中国古代并无出版法，对于出版或流行图书的管理，是由皇帝到中央、地方的行政官吏根据自己的需要，通过随意性的命令来实施的。秦始皇厌恶儒家诗书，一声令下："天下敢有藏《诗》、《书》百家语者，悉诣守、尉（全都送到地方官那里）杂烧之。有敢偶语（二人私下谈论）《诗》、《书》者弃市（处死）。"于是流行的儒家经典被焚烧净尽，开了查禁文字的先例。嗣后历代焚书、毁版、查禁之事时有发生。仅在清朝道光年间和同治年间的两次查禁，就分别有119种和269种书被列入禁书之列。清朝所定大清律例，内有"造妖书妖言"一节，其中规定：凡造谶纬妖书妖言，及传用惑众者，皆斩。若私有妖书，隐藏不送官者，杖一百，徒三年。"凡妄布邪言书写张贴，煽惑人心，为首者，斩，立决（立即执行）。为从者，斩，监候（缓期执行）。若造谶纬妖书妖言，传用惑人，不及众者（未在公众中造成影响的），改发回城"，即发配到回族人居住的区域，给回族人做奴隶。至有"因事造言"，编成歌曲沿街唱和，"及以鄙俚亵谩之词、刊刻传播者，内外各地方官，即时察拿"。凡街市小摊上出卖的"淫词小说"，"务收板书，尽行销毁"；有不听禁令，仍就刻印者，官吏革职，军官杖一百，流放三千里外；卖书人杖一百，判3年徒刑；买书看者杖一百。官吏不遵令查处者，交所在部门议处。以上条款在乾隆年间涉及文字案件的判决时，就曾被引用过。1901年有《大清律例增修统纂集成》一书刊行。不久后《苏报》案的判决，也引用了刻律例中"造妖书妖言"条文。可见此条文便是大清朝廷的"出版法"了。不消说，这个"出版法"完全是清政府为了维护自己的统治，对文字出版发行实行限制的法律，丝毫没有对出版者、书作者权益保护的方面。这正是专制统治政权制定出版法律、法令的特征所在。根据这个条文，清政府把革命党人和改良派的报纸、刊物，如《革命军》、《警世钟》、《自由书》、《新民丛报》、《新小说》等，都列为禁书，禁止刊印传看，并曾对出售这些书刊的人实施拘押。

1906年6月清政府商部、巡警部、学部合订《大清印刷物专律》。这是中国有史以来关于出版印刷的第一个独立的法律文件。这个文件之所以产生，一是戊戌维新之后各类出版物大量出现，没有专门的法律条文规定，难以进行管理。二是政府标榜新政、立宪，1905年派载泽等五六臣出洋考察。载泽等人发现各先进国家关于集会、言论、出版都立有法律，故在回国后所上《奏请宣布立宪密折》中，提出了"定集会、言论、出版之律"的请求。因此，这个"印刷物专律"可以说是出版印刷事业发展和西学东渐共同推动下的产物。

《大清印刷专律》的"大纲"一章，规定在京师特设印刷总局，隶属于商部、巡警部和学部，"所有关涉一切印刷及新闻记载"，都须在该局注册。此外，在"印刷人等"、"记载物件等"、"毁谤"、"教唆"、"时限"诸章中分别规定了从事印刷或出售印刷品的人员注册事项及违反规定应给予的处罚规格，出版或发行出版物注册事项及违反规定应予的处罚，毁谤的种类及不同处置办法、处罚规格，教唆的含义与处罚，该律实施的范围与出版时间，等等。

在这个法律中，对危害朝廷的出版印刷物规定了较高的罚格。其"毁谤"章中"讪谤"一条规定：以"惑世诬民的表揭，令人阅之有怨恨或侮慢，或加暴行于皇帝皇族或政府，或煽动愚民违背典章国制，甚或以非法强词，又或使人人有自危自乱之心，甚或使人彼此相仇，不安生业"的，是为"讪谤"。若有此种情况，"不论军民人等，均应尽国民之义务"，向地方长官报告。地方官则有权将有关人员逮捕，将所谓"讪谤物件"查封。经查证后确系"讪谤"者，出版物充公、销毁，印刷人、股东、经理人不得再以印刷出版为业，并处以5000元以下罚款，10年以下徒刑。同时对出版经营者的权利也作出某些保护性规定，如涉及"普通谤讪"者，如果控告人是审判案件的官员，或有对审案官员发号施令之权的上级官员，此案须上呈该管内督抚办理。也就是说，控告者不可作为审判人，亦不得是审判人的直接上司。如果官员违反规定，被告有权向京师印刷注册总局提出申诉。这样做是为了尽可能地防止审判中的舞弊行为。

1907 年 12 月，清政府颁布《大清报律》。该律计45 条，含出版发行报纸申报注册规定、经营报纸限制事项及违反者的处罚规定等。其中第五条规定：发行人、编辑印刷人须具备三个条件：满 20 岁以上的中国人；无精神病者；未被判处过徒刑者。第四条规定报纸呈报注册时，须交 250～500 元的保押费，专载学术、艺事、章程、图表、物价报告等 "确系开通民智"者也不例外。第六条、第七条规定：每号报纸均应载明发行人、编辑人及印刷人的姓名、住址。无论日报、月报、旬报、周报，在每一期发行前均应将报样送管区内官署以备检查。第十至十四条规定了禁止刊载的内容，包括审判衙门禁止旁听的诉讼事件，未经公判的预审事件，已明令禁载的外交、海陆军事件，未经"阁钞"、"公报"公布的谕旨章奏，以及 "诋毁宫廷之语，淆乱政体之语，扰害公安之语，败坏风俗之语"等。违犯这些条款，轻则处以罚金，重则发行人、编辑判处监禁，报纸禁止发行。这虽然只是涉及报纸出版部分的法律，但其中内容特别是涉及禁载部分，可以视为《大清律例·造妖书妖言》条款及《大清印刷专律》的补充。由于规定苛刻难行，加之清政府当时的权威已大大下降，该报律公布后，各报馆普遍抵制，

"延不遵行"。至 1910 年，由民政部加以修改重行颁布，此时大清王朝已经日薄西山，气息奄奄了。

在出版事业中，有关著作权的保护是个重要问题。清朝光绪年间，由于私家出版机构增多，出现了翻印别家出版的图书，谋求厚利之事。张静庐编的《中国近代出版史料》提供了当时清王朝地方政府接受出版者请求，发布保护版权的两个例子，一是 1898 年农历四月，江南分巡苏松太兵备道李某根据东文学社司事张叔衡的禀请，令"书贾坊铺人等"不得将该学社所印书籍私行翻印，否则一经告发，"定即提案究罚不贷"。二是 1903 年农历五月二十六日，继任的江苏分巡苏松太兵备道袁某据南洋公学售书处职员江绍墀的禀请，分别致函上海县与租界委员，并照会驻沪总领事，同时发出告示，严禁翻刻该译书院立案各种书籍，告示上附列书目 54 种。

这些情况的发生，导致了中国有史以来第一部著作权法的制定。该法于 1910 年公布，称作《大清著作权律》，内容 5 章 55 条。第一章第一条解释了"著作权"的含义及著作的范畴："凡称著作物而专有重制之利益者"称为著作权。换句话说，著作权指的是著作发表后，再行印制时的权利归属。著作的范围包括文艺（即书刊）、国画、帖本、照片、雕刻、模型等多种。著作出版后只有呈送民政部或地方管辖部门注册领照，才受到著作权法律的保护。第二章规定了权利期限，大抵为个人的著作，包括数人合作的，其著作权除归著作者终身所有外，著作者死后，由其承继人保有 30 年。以官署、学堂、公司、局所、寺院、会所署名发表的著作保有权利 30 年。照片的著作权以 10 年为限。第三章呈报义务，对著作人或单位、著作权承继、转售抵押，原著作重版修订等各种情况的呈报事项作出了规定。第四章权利限制，列举了禁例和罚则；合作著作再版，意见发生分歧时著作权的处理办法；搜集他人著作编成新著、出资聘人完成的著作、经他人笔述的演说、翻译著作、就他人著作阐发新理论之作等各类著作的权利归属，以及不享有著作权和视为社会所属的著作范畴。其中第 33 条规定：凡经呈报给照的著作，他人不得翻印仿制及用各种假冒方法以侵损其著作权。这是整个著作权法的核心内容。同时，此章还列举了若干种禁止侵损著作权的规定，如接受他人著作者，未经原主允许，不得割裂、改窜及变匿姓名，更换名目发行原著；对于著作权期限已满的著作亦不得加以割裂，改窜及变匿姓名或更换名目发行，等等。还规定：节选他人著作成书供普通教科书及参考使用者，节录引用他人著作以供自己著作考证注释者等，不以假冒论罪，但须注明原著出处。对于侵犯著作权者的处罚大体是课以罚金，赔偿损失，没收假冒品，等等。

可见此著作权法的确是从保护著作人的角度制定的法律，尽管它颁布不久清廷就被推翻，该法律亦随之失去效力，但它为后来著作权法的制定，提供了最初的蓝本。如民国四年（1915）北洋政府制定的"著作权法"便是在前清著作权法的基础上修改而成的。

该法共 5 章 45 条，各章名称为"总纲"，"著作人之权利"，"著作权之侵害"，"罚则"，"附则"。从章目名称上看是突出了该法对著作权加以保护的性质。在具体内容方面，比照先前的著作权法有所增设的部分，是在"总纲"中明确将享有著作权的著作物列为五类：文书、讲义、演述；乐谱、戏曲；图画、帖本；照片、雕刻、模型；其他有关学艺美术之著作物。规定著作权的注册改由内务部，而不是民政部执行。同时将著作权得转让于他人作了明文规定。第三章规定，当著作权受到侵害时，享有著作权之人得提起诉讼，又规定如法院判定以假冒侵害著作权，并非有意所为，得免处罚，但须将已获利益归还原告。此外部分大体与清廷著作权法相似。

民国三年（1914）12 月由袁世凯政府制定，国务卿徐世昌副署公布的《出版法》是中国有史以来第一部正式出版法。全文 23 条。第一条明确了出版所涵范围："用机械或印版及其他化学材料印刷之文书图画出售或散布者，均为出版"。第二和第三条规定与出版有关系的人员范围及出版物必须记载有关人及印刷所名称、发行日期诸内容事项。第四至第十条规定出版物应在发行散布或再版之前，向警察官署或其他有关部门送样禀报的几类情况。第十一条规定禁止出版的种类、范围：混淆政体者；妨害治安者；败坏风俗者；煽动曲庇犯罪人、刑事被告人或陷害刑事被告人者；轻罪重罪之预审案件未经公判者；诉讼或会议事件之禁止旁听者；未得许可，揭载军事外交及其他官署机密之文书图画者；攻讦他人隐私，损害其名誉者。第十二条规定在国外发行之文书图画，违背第十一条所列各款者，不得在国内出售或散布。以下各条规定了罚则及补充事项。根据罚则，凡违犯禁止出版各款者除印本印版外，对著作人、发行人和印刷人给予由罚款到5年有期徒刑的处分。违犯其余有关规定的处以罚金。

把这个出版法和《大清报律》相比，可见二者在禁止刊载或出版的范围规定方面，有许多相一致的地方。而在保护出版者权益方面没有作出任何规定也是共同的。同一时期，袁世凯政府还制定公布了《报纸条例》，其限制条款比之《出版法》有过之无不及。从这些情况看，袁世凯政府制定出版法和报律的目的与清朝皇帝相同，都是为了维护统治。事实上由于民国之后国体变更，自由民主思想传播愈来愈广泛，北洋政府利用出版法，甚至超出出版法范围的手段压制舆论自由，取缔、限制图书刊物的事件层出不穷。而全国各界及出版机构反对舆论专制，要求真正言论出版自由的斗争亦此伏彼起。1926年1月，袁世凯政府制定的出版法终于废止，而《报纸条例》则在此前即已废除。

十二 新教育与出版事业

19 世纪末到 20 世纪初的几十年间，是中国教育事业发生巨大变革的时代。传统中国教育在形式上是以设塾私授为主；在内容上是以传授经、史、文学，特别是儒家伦理道德学说为主。这种旧式教育在近代以来中西文化碰撞冲突，西学输入国内，社会生活逐渐发生变化的情况下，显得愈来愈不适应，终于为以学校教育为主要形式，以教授自然科学、社会科学、实用技能等为主要内容的新式教育所代替。这一由旧到新的转化过程无时不与出版事业息息相关。

新式教育的最初出现大体经由三个途径。

第一是外国传教士在中国创办的新式洋学堂。外国传教士出于"为传播福音开辟门路"的目的，十分注重教育事业。自 19 世纪 40 年代起就在开放的口岸和香港开设学堂。据统计，到 1860 年为止，传教士在中国设立的学堂共有 50 余所，学生 1000 余人。到 1875 年则达到学校 800 余所，学生 2 万余人。到 19 世纪末，更进而增加到学校 2000 余所，学生 4 万余人。

教会办的学堂，除进行宗教教育外，还开设数学、地志、音乐、世界历史、测绘、物理、化学、航海、天文学、动植物学、富国策等课程，同时也学习中国古代经史之学。各科的教学内容最初是由教师自编讲义传授，后来在华基督教召开联合大会，成立了学校教科书委员会和中华教育会，由美国长老会传教士狄考文和前面提到的韦廉臣、林乐知、丁韪良、傅兰雅等人负责。仅在十几年间就编辑出版了初高级教科书50余种，印制了3万余册。这些教材不仅供教会学校采用，也成为后来增设西学课程的中国人所办学塾教材的一部分。

另一个途径是清政府办的同文馆、广方言馆，其中北京同文馆的设立被认为是中国人自己办新式学校的开始。如前所述，这类学馆本身即承担着翻译出版外文书籍的工作，而与出版事业密切相关。此外，在全国普遍的新式教育出现之前，与同文馆性质相类似的还有清政府在各地开设的各类军事及洋务学堂，如船政学堂、水师学堂、武备学堂、电报学堂、自强学堂、医学堂、铁路专门学校、中西学堂，等等。这些学堂和同文馆中开设基础自然科学和各种专门课程，对教材的需求，成为促进出版事业发展的一个方面。

第三个途径是书院的改革。中国自唐代起有书院的设置，初为藏书、修书的场所，后来发展为讲学研究机构。清朝雍乾时期，政府谕令各省、府、厅、县广设书院，使全国书院数目达到上千所，但这时的书院已成为士子准备参加科举考试的场所。太平天国革命期间，社会动荡不安，许多书院停办，直到同光时期才重新得到恢复和发展。尽管多数书院仍以科考为旨归，但此时，由于西学输入，风气渐开，一些新设书院以"中体西用"为原则，开始设置西学课程；或采取中西合办方式，或聘请传教士及掌握西学的中国知识分子担任教习。这类由旧向新转变中的书院，对于新教材和新图书的需要，也成为促进出版事业发展的一个方面。

清末新教育运动的发动是从戊戌维新运动起始的。维新派把"变科举，广学校，译西书"，视为培养人才的重要途径。康有为在"上皇帝书"中提出在政治改革中设立制度局以"总其纲"，下设 12 个分局，其中之一便是学校局。要求由该局组织，"自京师立大学，各省立高等中学，府县立中小学及专门学"。在百日维新期间，他又专门上"请开学校"和"请饬各省改书院淫祠为学堂"两折。光绪皇帝接受请求，先后下旨在京师筹办大学堂，废除八股取士制度，谕将各省府州县大小书院，一律改建高等学堂、中等学堂和小学堂。但不久慈禧重新垂帘，新政除京师大学堂外，一律废止。1901 年，朝廷复命各省所有书院改为大、中、小学堂，并要求各地多设蒙养学堂。1902 年朝廷公布《钦定学堂章程》，包括《京师大学堂章程》、《大学堂考选入学章程》、《高等学堂章程》、《中学堂章程》、《小学堂章程》、《蒙学堂章程》。这些章程中规定了学习年限，功课门类。至此，新式教育的形式和内容才以"钦定"的方式被固定下来。此后在各地改造、兴建新式学堂的过程中，清政府又于 1905 年取消了旧式的科举考试制度，中国的教育事业从此跨入了新的时代。

新式学校的建立，需要大量教科书。教会编制出版的教材和同文馆、广方言馆及各类专门学校所用的教本，显然不适于使用。这就需要编写出版新的教科书。一些新成立的出版机构正是抓住这个时机，获得了迅猛发展。

1898 年，俞复和丁宝书等在无锡办三等公学堂，因无合适教材，于是自行编辑。开始时，每日编写国文一课，让学生抄读，陆续编成七编，试行了数年。到 1902 年，正值全国学堂改革之际，这套教材由文澜局出版。不久，俞复等在上海自创文明书局，将全套教本定名《蒙学读本》，以石印楷书印刷出版。这套书前三本是初小国文体裁；第四本专重德育，类似修身读本；第五本注重智育，采诸子所记古代寓言；第六本是记叙文，注重作文修辞，课文有选自《史记》、《通鉴》的，如《赤壁之战》、《淝水之战》，另有大半是新编的；第七本是议论文，部分选自历代诸子、名家论说，部分为编撰。全套书附有图画，形式美观，内容新颖，颇受欢迎。在此之前，曾有南洋公学出版《蒙学课本》三编。该书自 1897 年公学成立师范专科时开始编写，是中国人自编教科书中最早的一种，因体裁仿日本课本，内容也艰深，销量不多。文明书局的《蒙学读本》一炮打响，不到 3 年，印行 10 余版，一举占领了小学新教科书的市场。此后，该局又出版修身、算学、理科等教材，这使它成为商务印书馆发达之前的著名书局之一。

1902 年以前的商务印书馆在夏瑞芳等人的惨淡经营下仅仅初具规模。张元济入股之后，一度介绍蔡元培兼任编译所所长。张、蔡都是热心教育之人，因见已有的一些教材课本不尽如人意，便为商务制定了编辑教科书的计划。后蔡因为《苏报》案离开上海，教科书由张元济、高梦旦、蒋维乔、庄俞等负责编辑，先后编成初等小学、高等小学教科书两套，包括初小国文、格致、算术、修身、笔算、珠算入门、地理，高小国文、历史、地理、理科、算术、珠算、修身、农业、商业共 16 种。各科自 2 册到 10 册不等，定名为"最新教科书"，自 1904 年 2 月起陆续出版。这是由一家出版社最早出版的全套小学教材。此外又编辑中学教科书一套，包括动物学、植物学、矿物学、物理学、化学、生理学、代数学、平面几何、立体几何、三角等 10 余种。自此，商务印书馆超过文明书局，成为编辑教材方面最为著名的出版社。

从 1904 年到 1918 年十几年间，商务印书馆先后出版的教材约有 200 余种，包括中小学、女子学校、师范、商业学校、补习学校等诸多种类，语文、数学、习字、绘画、手工、缝纫、唱歌、体操、历史、地理、生理、卫生、美术史、自然、动物、植物、矿物、物理、化学、教育学、伦理学、商业、农业、家计簿记、商业簿记、商业历史、商业地理、商业经济、商品学、博物学、外语等数十门类。五四运动后，商务的教科书出版工作也一直没有停止。正是编辑、出版、经销教科书的成功，给商务印书馆带来巨大收入，商务的资本额在 1903 至 1920 年间猛增 25 倍，成为全国最大的出版机构。

清末民初新教育的发展是比较快的，据统计，1910 年全国各省学校数为 3.7 万余所，学生 102 万余人。到 1915 年学校达 8.7 万余所，学生 293 万余人。此外，各类补习学校和幼儿园也不断增加。另一方面，初创时期的新教育体制很不稳定，在学制、教育法、课程设置等方面经常变化。如 1902 年《钦定学堂章程》规定的学制为蒙学 4 年，初小 3 年，高小 3 年，中学 4 年，大学预科 3 年，本科 3 至 4 年。1903 年，张之洞等的《奏定学堂章程》规定，初小 5 年，高小 4 年，中学 5 年，大学预科 3 年，本科 3 至 4 年。此外，设初级师范，优级师范，初、中、高等工商实业学堂，实业教员讲习所，各类专门学校及蒙学院等。1912 年民国教育部公布的学校系统案规定，小学 4 年，毕业后可入高小或商业学校；高小 3 年，毕业后可入中学或师范学校、实业学校；中学 4 年，毕业后可入大学或高等师范学校；大学预科 3 年，本科 3 至 4 年，等等。在此期间，又屡有变通学堂章程，国民教育、通俗教育的相继而起和简易学堂的立废等事。

在教育宗旨方面，1905 年清廷学部规定的内容是"忠君、尊孔、尚公、尚武、尚实"；1912 年民国教育部规定的教育宗旨是"注重道德教育，以实利教育、军国民教育辅之，更以美感教育完成其道德"。1915 年袁世凯颁定的教育宗旨包括"爱国、尚武、法孔、重自治、戒竞争、戒躁进"，等等。

在教科书方面，1903 年京师大学堂刊出暂定各学堂应用书目一本。1906 年起，清廷学部开始审定初等小学暂用书目，并设立图书局，试图从事教科书统一工作。该局编辑的部分教科书 1910 年出版，因质量不好，未能达到预期目的。1912 年民国成立，教育部令修改旧教科书。嗣后，教科书的审查又数经变化。至于课程设置方面的变化更是令人应接不暇。这种情况大大促进了教材的新旧更换过程。

编辑教材既然适合社会的需要，又能获取利润，各出版社无不争而赴之。除商务、文明外，民国成立以前从事教科书出版的还有广智书局、蒙学书报局、人演社、南洋公学、时中书局、作新社、开明书店、江楚官书局、会文学社、彪蒙书室、南洋官书局、普及书局、中东书社、昌明公司、科学书局、新学会、中国图书公司、河北译书局、集成图书公司、乐群书局等，其中大部分是民营书局。而民国后成立的可以和商务并雄的中华书局，亦是以编辑出版新教科书起家。此外，还有很多个人从事教科书的编辑印制。

从开明书店内地售书的故事可知，旧式知识分子中大部分是只读科举之书、圣贤之书的，而绝大多数国民没有文化，不可能买书来读。出版事业的发展便只能依赖于初等教育的发展。因此，正是清末民初的新教育事业的勃兴，为出版事业的兴旺发达创造了条件。而现代中国的出版事业又正是在为新教育事业服务的过程中迅速发展起来的。

清末民初的出版业不仅应新教育的需要而兴，而且成为促进新教育发展的重要因素。在教育改革之初，朝廷还没有完善的领导机构，各级各类学校中的课程设置也只有个粗略的原则规定，其教材的编写完全靠出版社聘任的人员来实行。以商务印书馆编写最新小学国文教科书为例。为了编写这套书，张元济以"圆桌会议"的形式，就教材的形式、内容，从原则到具体问题进行了多次讨论。在教材取字方面，他们考虑到幼儿读书对笔画较多的字难以记忆，参以英文读本，也是从字母少的单词开始，于是，定下了选字笔画由少到多的原则，规定第一册 5 课以前，限定 6 画，10课以前限定 9 画，以后逐渐增多。又规定选字以常用者为原则，不取生僻字。每课出现的生字，要在以后各课中重复出现 2 次以上。又规定初等小学国文共 10册，每册 60 课。第一册课文长度从 8 个字到 40 个字，第二册从 40 个字到 60 个字，第三册后听行文之便，不限字数，但过长的课文要分两课。此外，还要注意到初小课本与高小课本的内容衔接。在取材方面，规定杂采多方面内容，每册 60 课中，有关理科、历史知识的各占 15 课，有关地理知识的占 9 课，有关修身、实业的各占 7 课，有关家事、卫生、政治、杂事的共 7课。在课文排列上各种内容彼此交错，注意内在的联系，文字要求生动，以引起学生兴趣，且附有精美生动的图画，等等。

这些规定大都暗合现代教育的原则，在今天的教材编写中似乎已成为普通常识，但在当时，教育科学远未发达，既无先例可循，又无成律可依的状况下，的确是十分难能可贵的。据蒋维乔回忆，在讨论这些原则规定时，常常一个问题要争论半天或一整天。原则规定既多，又给编文带来限制，"正如作茧自缚，非常困难"。"每成一课，必须各人批判，至无异议始止。"印书馆为此花费较平常"百十倍"的成本。正是这样的认真科学态度使这套以"天地日月，山水土木，父母子女，井户田宅"开篇的最新小学国文教科书，上市数日即将第一版几千册销售一空。全套书盛行 10 余年，行销数百万册。并且，这套书的编纂原则、体例成为其后诸多课本仿效的样本。

为了帮助教师教学，张元济等还在编辑教科书的同时，编撰各科的教授法。除在第一期初高等小学 16 种教科书外，还附有教授法 10 种，详解 3 种。其后出版的 5 种女子教科书，附教授法 4 种。又其后出的简明教科书初、高小共 6 种，附教授法 5 种，讲解 1 种。这些辅助教材的编辑对教师把握教材，提高教学效果起到不可忽视的作用。

像商务印书馆这样注意教材编辑质量的，在当时还不止一家。一份统计说，1906 年朝廷学部第一次审定小学教科书暂用书目时，审定的教材共计 102 册，其中民营出版社发行的有 85 册，占 4/5 以上。也恰从此时开始，学部设立图书局，编辑教科书，试图实行教科书的统一。为此，朝廷出资数十万元，但组织既不得力，方法采取个人包办制，却缺乏监督管理，先后编出的几部教科书在形式上模仿商务、文明体例，内容上却加入许多不合儿童心理的古董材料，加以不懂教育的官僚肆意改窜，草率讹误、与人笑柄之处颇多，出版后即遭舆论界和教育界的批评。后来，学部因耗资过巨，恐遭资政院的攻击，提出裁减经费，又怕余款不足使用，于是采取招商承印，征收印花税的办法，从书价中提取高达五厘的税额，更是令人反感。以致后来有人将此学部教材讥讽为"教人不足，害人有余之教科书"。这个事例从反面证明，当时不是政府，而是出版部门及其聘任的有进步思想，懂教育科学，富于爱国心、责任心的知识分子充当了新教育事业的导航者。

出版部门对教育改革的促进、引导还不只表现在教材编写方面。一些书局、书店还开办各类学校、补习班，或开展其他教育活动，如商务印书馆，自1905年起开办小学师范讲习班，1907年起开办小学校，1909年起开办商业补习学校，1910年开办幼儿园，以后又陆续办函授英文班、国语讲习所、函授算术班、函授国语班、艺徒学校、仪器标本实习所、平民夜校、图书馆学讲习所、工厂管理员训练班等，直接为普通教育、社会教育、职业教育和师资培训作出贡献。此外，商务印书馆还举办过教育成果展览会。张元济曾参与发起过中国教育会成立大会，担任会长，并且担任过中央教育会副会长。商务还出版过《教育杂志》、《英语周刊》、《教育大辞书》及各类辞典，以及开办图书馆，等等。而商务和其他各家出版社出版的各种新型自然科学、社会科学图书更是对教育事业的发展和民众教育水平的提高起到不可替代的作用。可以说，没有教育事业的改革，便很难有出版事业的蓬勃兴旺，而没有出版企业的积极参与和推动，也不会有新教育事业的顺利发展。

十三 新文化运动与出版

文化与出版事业关系密切，五四新文化运动借助于出版而发展，又为出版事业带来兴旺发达。新文化运动的领袖人物陈独秀、胡适等人都与出版事业有密切的联系。

陈独秀1897年18岁到南京参加乡试时，结识了本省同乡汪希颜，从而与汪希颜的弟弟汪孟邹，后来又与汪希颜之子汪原放成为好友。也就在这一年冬天，他撰写了论述长江整治、防御的文章《扬子江形势论略》，以石印本排印出版，开始了他从事文字写作及革命宣传与活动的奋斗生涯。1902年他编写《小学万国地理新编》教科书，由商务印书馆出版。两年后，汪孟邹在芜湖开办"科学图书社"。陈编辑《安徽俗话报》，拟以该社为发行机关，后因该社无印刷设备，改由上海大陆印刷局印刷。该报行销南京、上海、武汉、长沙、南昌诸大城市，成为驰名全国的白话报刊之一。而科学图书社则成为陈独秀一度联络革命党人，进行反清运动的地方。民国成立后，汪孟邹接受陈独秀建议，到上海办起亚东图书馆。陈曾为该馆起草"开幕宣言"，并编辑《新华英文教科书》。其后陈协助章士钊办《甲寅》杂志。他痛感到辛亥革命虽然推翻了清朝皇帝的统治，但全国人民的思想尚沉溺于封建宗法社会之中，对现代的民主、自由、科学、进步不知不觉，以至民国政治无从建设，理想社会无从实现，决心"办十年杂志"，叫"全国思想都全改观"。因汪孟邹力量不足，经汪介绍由上海群益书社承担了杂志的印刷发行工作。作为五四新文化运动发源地的《青年杂志》于 1915 年 9 月创刊。

《青年杂志》的发行最初并非顺利，群益书社的经理陈子佩、陈子寿兄弟在杂志创刊后不久就接到上海青年会的信，说《青年杂志》与他们的《上海青年》名字雷同，有冒名之嫌。陈子寿只好找到陈独秀商量改名。于是，从 2 卷 1 号起，《青年杂志》改名为《新青年》。名称危机度过之后，杂志又面临销售危机。原来在《青年杂志》初创之时，也正是袁世凯积极推行帝制、民国政治最为黑暗之时。一般学士文人中多有对政治失望而颓唐的，文化改革的迫切性尚未被大多数知识分子认同，青年学生则缺乏进步师导，加之陈独秀的名字最初还远不足以耸动视听。《新青年》的销路不畅，每月书社垫付的编辑费、稿费 200 多元难以收回，这使以营利为主要目的的群益书社产生终止印刷的念头。此时，陈独秀已应蔡元培之邀到北京大学任文科学长，《新青年》也改为同人刊物。经陈独秀等人努力交涉，刊物得以继续出版。后来，随着北京大学改革的深入进行，一批追求进步的青年学生迅速成长起来，兼以五四运动的爆发推动了新文化运动的发展，《新青年》终于成为发行广泛、影响巨大的刊物。

《新青年》宣传民主、科学，抨击传统伦理道德，提倡文学革命，掀起了巨大的思想解放运动。五四运动后全国出版的各类期刊一度达到数百种，便是这种思想解放的成果之一。在图书出版方面，新文化运动的最大影响是促进了社会科学图书和宣传自由解放思想的新文学作品的大量出版。如商务印书馆出版的《尚志学会丛书》，内有《中国人口论》、《创化论》、《形而上学序论》、《近代思想》、《新道德论》、《群众心理》等。《世界丛书》内有《大陆近代法律思想史》、《外国汇兑原理》、《社会学及现代社会问题》、《经济史观》、《柏拉图之理想国》、《美国政府大纲》等。又有《共学社丛书》，内包括《马克思研究丛书》、《今人会丛书》、《时代丛书》、《社会丛书》、《社会经济丛书》、《罗素丛书》、《通俗丛书》等多种。此外，还陆续出版"说部"、"百科"、"国学"、"文学研究会"等多种丛书及《东方文库》。其中的《文学研究会丛书》是由沈雁冰发起的。

沈雁冰就是后来的著名文学家茅盾，他原名沈德鸿，1916年自北京大学预科毕业之后，经人介绍进商务印书馆编译所英文部工作。由于对辞书出版提出的改进意见受到张元济的重视，他被调到国文部从事编译，后又协助办《学生杂志》，并发表响应《新青年》新文化宣传的文章。1919年末，他开始担任商务印书馆《小说月报》的主编。这时，郑振铎、周作人等正在北京筹备成立文学研究会，沈雁冰亦参加了该会的筹备工作。1920 年 1 月由沈主持进行全面改革的《小说月报》第 12 卷第 1 号刊出文学研究会的宣言、简章和发起人名单。此会是民国时期中国文坛上最有影响的文艺团体之一，其成员多主张为人生而艺术的写实主义文学。《小说月报》成为该会最初的园地。由该会成员翻译、编辑的《文学研究会丛书》先后出了 100 余种。

除商务印书馆外，中华书局出有《新文化丛书》，内包括《人生之意义与价值》、《人的生活》、《女性论》、《达尔文物种原始》、《近代西洋哲学史大纲》等；又出有《少年中国学会丛书》，内有《法兰西学术史略》、《法国文学史》、《国家主义的教育》等。此外，泰东书局出有《新中国丛书》、《创造社丛书》、《新知丛书》、《青鸟丛书》；群益书社出有《公民丛书》；北新书局出有《新潮文艺丛书》。还有《北京大学丛书》、《清华文学会丛书》、《晨报丛书》等。

这些带有新内容、新气息的书籍，绝大部分是外来的译作。罗素、杜威、柏格森、倭铿、康德、爱因斯坦等一大批西方哲学家、社会学家、教育学家、政治学家、自然科学家，以及易卜生、托尔斯泰、安特列夫、萧伯纳、莎士比亚、莫泊桑、屠格涅夫、果戈理、契诃夫、普希金、奥斯特洛夫斯基、安徒生、武者小路实笃的名字相继进入中国知识分子的视野。印有陈独秀、李大钊、胡适、鲁迅、周作人，以及沈雁冰、郑振铎、瞿秋白、叶绍钧、冰心、郭沫若、郁达夫、田汉等一大批新文化、新文学人物名字的新书刊成为书店中、书摊上引人注目的对象。

胡适是五四文学革命的先锋和传播西方自由主义思想的著名人物，这在很大程度上得益于他同陈独秀的结识。胡陈的交谊是由亚东图书馆主人汪孟邹促成的。汪、胡是安徽绩溪县同乡，比与陈的同省关系还近一层。胡适在美国留学时曾寄文在《甲寅》杂志上发表，很得陈独秀的欣赏。1916年10月，汪将新出版的《青年杂志》寄给胡适，同时介绍了陈独秀的情况，并在其后数次信函中转述陈请胡撰文襄助的愿望。其后，胡陈通信讨论文学改良，因而有胡适的《文学改良刍议》一文在《新青年》杂志发表。陈独秀随后发表《文学革命论》，五四新文学运动由此揭开序幕。

新文学运动的内容之一是提倡以国语代替文言，即普及白话文。胡适为此不遗余力。他在美国时就尝试用白话文作诗，到北大之后，又积极提倡"国语的文学"和"文学的国语"。1919年，他同马裕藻、周作人、朱希祖、刘半农、钱玄同一起向教育部提出《请颁行新式标点符号议案》，对句、逗、分、冒号等12种标点使用方法作了说明。1920年教育部训令将该案转交所属学校采用。本来1904年商务印书馆出版的严译《英文汉诂》就开始使用新式标点，新文化运动前期，《科学》杂志、《新青年》、《新潮》也尽量采用新标点，只是各家使用的标准尚不统一。到胡适等的提案提出，新式标点有了统一原则，很快在教科书并逐步在一般书刊中普遍采用。同一年，教育部令国民学校将国文全部改成国语。而此时大部分宣传新文化的报刊、图书也转而采用白话文。这一自清末就为知识分子提倡的新文体形式，终于在五四新文化巨潮的冲击下获得普及。

新语言与新标点的使用，加上横排版图书的增多，成为"五四"以后书刊出版发展进步的一个显著特征。1920年3月，胡适的白话诗集《尝试集》由亚东图书馆出版。不久，郭沫若的白话诗歌戏剧集《女神》由泰东图书局出版。这两部诗集为现代白话诗歌的发展奠定了基础。

1919年2月，胡适的《中国哲学史大纲》（上卷）由商务印书馆出版。蔡元培为该书作序，称其为中国第一本系统的用科学方法整理古代哲学思想的著作。梁启超称赞该书作者具有"敏锐的观察力，致密的组织力，大胆的创造力"。这本在两年之内就出了八版的书，不仅在学术界产生了很大的影响，而且对胡适本人也十分重要。

原来这部《中国哲学史大纲》是胡适在自己的博士论文基础上进一步增改写成的。胡适在美国的最后几年，师从哥伦比亚大学著名教授杜威。他的博士论文题目为《中国古代哲学方法之进化史》。由于杜威本人对汉学缺乏研究，未对论文作出十分赞许的评价，胡适竟然没有通过论文答辩。回国以后，面对含辛茹苦20余年养育自己的寡母和对自己期望甚殷的陈独秀、蔡元培等人，胡适对未通过答辩之事实在难以启齿。于是，在后来一生中得到35个博士头衔的他，此时只好心怀苦涩地接受别人对自己的"博士"称呼。按照哥伦比亚大学的规定，凡通过答辩的博士需将自己的论文副本 100 份送交学校，即可履行授予学位手续。胡适没有通过答辩，便没有必要急于出版论文。在此期间，胡适的一位朋友从美国给他写信，告诉他在留学生中有人传言说他没有通过答辩，要他尽快出版论文，以止息谣言。胡适没有回信反驳，只是把论文改为《中国哲学史大纲》出版。此书一举奠定了他在研究中国古代哲学史方面的地位，对他无疑是一个很大的安慰。

胡适在国内文化界的名望及其学术论著的巨大影响，使同时期接受胡适等人邀请来中国讲学的杜威刮目相看。出于对自己先前没有认识到胡适文章价值的歉疚，杜威对胡适的博士论文给予了很高的评价。1922 年，胡适的论文在商务印书馆帮助下，由亚东图书馆出版。事后又经杜威的努力，胡适终于在毕业 10 年之后正式获得了他的第一个，也是十分宝贵的一个博士学位。

胡适与商务印书馆的合作，密切了他与商务的关系。1921 年 4 月，商务印书馆的编译所长高梦旦专程到北京恳切邀请胡适到商务印书馆主持编译所工作。胡适因志趣不在编务，没有答应。这年夏天，胡适应邀到商务印书馆作了一个半月的考察，其间对商务编译所、资料室、图书出版等项工作提出不少有价值的改革意见，并推荐他早年的老师王云五入商务担任编译工作。王字岫庐，1888 年生于上海，家贫，靠刻苦自学，取得优异成绩。19 岁担任上海中国新公学英文教员，认识了在公学就读的胡适。辛亥革命后，相继在孙中山临时大总统府、教育部等部门任职。胡适说王的学问、道德、才能都超过自己。尽管王在当时的学术界"名不见经传"，商务仍不敢怠慢。高梦旦亲自拜访王云五，又从他人处了解到王藏有许多种外文书刊，有的甚至是国内罕见的版本，因此极力说服董事会延聘王云五为编译所长。王任职后，立即对编译所进行大刀阔斧的改革，调整部门、聘任专家学者、推出"千种丛书"计划，促进了商务印书馆向适应新文化发展方向的转变。后来，王担任了东方图书馆馆长、商务印书馆总经理，改革体制，倡导科学管理。1932年，一·二八事件中，商务印书馆被日本飞机炸毁，王云五积极筹备复兴计划，使商务在短时间内复为全国最大的出版机构。在抗日战争时期，商务在王云五的主持下得以维持生存。直到 1946 年 5 月王云五辞去商务印书馆的职务担任国民党政府官员为止的 20 多年里，他为商务印书馆的发展作出了很大贡献。

由于陈独秀和胡适的关系，亚东图书馆成为五四时期出版和发行新文化书刊最为积极的出版机构之一。1919 年，亚东在陈独秀的力促下，由上海四马路惠福里弄堂迁到五马路棋盘街，并经陈的介绍成为北京大学出版部上海总经理处，销售新文化重要期刊《新青年》、《每周评论》、《新潮》、《国民》、《北京大学日刊》、《星期评论》、《新生活》等。又印行《孙文学说》、《建设》杂志、《少年中国》、《少年世界》，还代办过《新潮》的印刷。一些新文化人物的新作，除胡适的《尝试集》外，还有康白情的《草儿》，俞平伯的《冬夜》，汪静之的《蕙的风》，宗白华的《流云》，郭沫若、田汉、宗白华三人的《三叶集》等也在该馆出版。

1920年起，在陈独秀、胡适的帮助下，亚东图书馆用新式标点方法标点、分段，出版了《水浒传》、《儒林外史》、《红楼梦》、《西游记》、《三国演义》、《镜花缘》等一批古典小说。此外，亚东还出版了具有重要文化史料价值的《科学与人生观》论集和在20年代颇有影响，却遭到军阀政府查禁的《胡适文存》、《独秀文存》。

陈独秀、胡适与亚东的主人汪孟邹、汪原放等交往很深。特别是陈独秀，其子陈延年、陈乔年读书时的学费、零用钱均由亚东支付。他本人后来经济拮据时，也常从亚东支取费用。陈独秀一生道路曲折，20年代他是中共的创建人和主要领袖。第一次大革命失败后，他接受苏联托派主张被开除出党。30年代被国民党政府逮捕关押，晚年坚持主张抗战。他的两个儿子陈延年、陈乔年相继为革命献身。因此可以说，亚东图书馆对陈独秀父子的支持也是对革命的支持。

在五四时期及20年代，积极进行新文化宣传的还有泰东、北新等书局。1915年由赵南公创办的泰东图书局，"五四"以后与郭沫若、郑伯奇等建立了密切联系。1921年6月，郭沫若、郁达夫、成仿吾创立"创造社"，提倡富于反抗和叛逆精神的积极的浪漫主义文学。他们的刊物《创造季刊》、《创造周报》以及《创造社丛书》，包括郭沫若的《女神》、《星空》，郁达夫的《沉沦》，张资平的《冲击期化石》等都由泰东图书局出版。此外泰东还出版有郭沫若的译作《少年维特之烦恼》、《茵梦湖》，郑伯奇的译作《鲁森堡之一夜》，田汉的日记《蔷薇之路》，创造社的诗文合集《辛夷集》，郁达夫的《莽萝集》，蒋光慈的《短裤党》，钱杏邨的《暴风雨的前夜》，闻一多的诗集《红烛》，以及《泰戈尔小说》、《泰戈尔戏曲集》、《托尔斯泰传》等。

北新书局是在鲁迅的支持下成立起来的，该局的创办人李小峰曾参与北京大学《新潮》杂志的具体编辑出版工作，是鲁迅的追随者。1925 年 3 月，他与哥哥李志云一起创办了北新书局，经销进步书刊，其中有《新潮》及鲁迅主编的《语丝》杂志。鲁迅短篇小说集《呐喊》1923 年 8 月在新潮社初版，后由北新书局列入"乌合丛书"发行。同一时期，北新书局陆续出版发行的鲁迅作品，还有短篇小说集《彷徨》，杂文集《华盖集》、《华盖集续编》、《热风》、《而已集》，论文集《坟》，散文诗集《野草》，译著《桃色的梦》，以及《小说旧闻钞》等。此外，北新书局还出版过冰心女士的《春水》。

"五四"到 20 年代中期出版的书刊不仅记录下新文化、新文学运动的发展，而且记录下新旧思潮、东西文化派别之间的斗争。当时反对新文化的著名人物有辜鸿铭、林纾等人，主张中西文化调和，或以中国文化改造西方文化的有章士钊、梁启超、梁漱溟及"学衡派"吴宓、梅光迪、胡先骕等人。反对新文化的刊物在"五四"前有《东方杂志》、《新申报》，"五四"后又有《学衡》、《甲寅》季刊等。1921年10月，商务印书馆出版梁漱溟的《东西文化及其哲学》，是这一时期影响最大的文化论著。

梁漱溟是个传奇人物。他十几岁时就对佛学产生兴趣，读了若干佛学书籍。1916年他22岁时，写了一篇佛学论文《究元决疑论》，在《东方杂志》连载发表。此文后来由商务印书馆出版了单行本。时任北京大学校长的蔡元培对梁漱溟的文章很感兴趣，就同文科学长陈独秀商量，在北大开设印度哲学一课，请没上过大学的梁漱溟担任主讲。此后，梁由研究印度文化进而研究东西方文化。在《东西文化及其哲学》一书中，他提出世界文化有三种形式：以意欲向前为特征的西方文化，以调和持中为特征的中国文化和以"转身向后"即禁欲退让为特征的印度文化。他认为第一次世界大战之后，西方文化由于遇到问题，已开始向中国形式的文化靠拢，印度文化是遥远未来的发展方向，中国文化的复兴则是最近将来的事实。梁漱溟的这种观点涉及当时文化运动中如何对待中西文化及儒学复兴的敏感问题，因此立刻引起广泛的讨论。该书也一版再版，成为中国现代文化史上的名著。梁漱溟本人由此被称为现代新儒学的"开山人"。《东西文化及其哲学》的出版者——商务印书馆则在鼓励学人成长，促进文化论争及文化繁荣方面起到不可替代的作用。

十四　传播马克思主义

马克思主义在中国的介绍"五四"以前就已开始，但其广泛传播并引起巨大影响则在五四时期。李大钊是这一时期最先传播马克思主义和最早的马克思主义者。

李大钊生于 1889 年，从小失去父母，在年迈的老祖父抚养和引导下，成为一名好学上进、理想远大的爱国青年。1912 年，他在天津北洋法政学校就读时加入了该校学生组织的"言治学会"。由于他能诗善文，号为"北洋二杰"之一，因此担任了学会刊物《言治》月刊的编辑部长，从而同刊物的编辑、文章的写作结缘。后来他在日本期间担任中国留日学生总会文事委员会编辑主任和该会机关刊物《民彝》杂志的主编。回国后，他又相继编辑过《晨钟报》、《甲寅日刊》、《言治季刊》、《宪法公言》。正是这些编辑写作经历，使他相继结识了章士钊和陈独秀等知名人物。经章士钊介绍，他进北京大学担任图书馆主任，同时加入了《新青年》同人组织，成为新文化运动的领袖人物之一。

李大钊留学日本前曾加入标榜社会主义的中国社会党天津支部，留日期间，又受到日本社会主义者的影响。1919 年初他在办助陈独秀编辑《每周评论》时，开始搜集有关马克思主义的材料。当时中国和日本思想界联系很密切，日本的书刊出版后很快就能传入中国。李大钊在当年出版的日本学者河上肇个人编的杂志《社会问题研究》上看到河上肇的文章《社会主义理论体系》，遂以比为蓝本，写出《我的马克思主义观》一文，连载于同年出版的《新青年》杂志第 6 卷第 5 号和第 6 号，并且把由他负责编辑的 6 卷 5 号《新青年》编成"马克思主义研究号"，刊登《马克思学说》、《马克思传略》、《马克思的唯物史观》、《马克思奋斗的生涯》等文章。同一时期，他还协助《晨报》副刊开辟了"马克思研究专栏"。这以后，李大钊一方面成为学术界、思想界著名的社会主义和马克思主义研究专家，连续发表介绍马克思主义，或运用马克思主义分析中国社会问题的文章。他的反映了马克思主义政治理论观点的论述民主主义的小册子《平民主义》和以唯物主义史观指导写的《史学要论》，作为商务印书馆的"百科小丛书"中之两种分别于 1923 年 1 月和 1924 年 5 月出版。另一方面，作为马克思主义者，他和陈独秀一道发起成立中国共产党，成为中国共产主义运动的奠基人之一。

比李大钊年长 10 岁的陈独秀，在早年读书和革命生涯中对西方自由人权思想有较多的偏爱。这是他发动新文化运动，宣传个性解放、人格独立的思想基础。

他同时又是一个富于反抗精神，热情、果断的人。五四运动前夕，巴黎和会上西方国家为了自己的利益不惜牺牲弱国，向企图霸占中国山东的日本让步，使他对所谓"公理"大失所望，毅然投入学生、市民的示威运动，起草爱国传单，亲自到大街上散发，被逮捕关押。在此前后，由于保守派的攻击，他失去了北京大学的职位，回到上海，走上职业革命者的道路。1920 年，他在上海发起组织马克思主义学说研究会，并筹建上海共产党小组。这年 5 月，《新青年》出版"劳动节纪念专号"，由于篇幅有所增加，群益书社决定加价。陈独秀编杂志本为传播新思想，考虑加价影响销售量和名声，对书社十分不满，提出要脱离群益，独自出版。这时的《新青年》已名列新文化刊物之首，销量很大，早非几年前可比，群益书社不愿意放弃出版权，甚至为此提出诉讼。亚东图书馆的汪孟邹极力调解双方的矛盾。但陈独秀十分坚决，于 9 月 1 日正式成立"新青年社"，邀请陈望道等参加编辑。此后，《新青年》杂志便成为中国共产党上海小组和后来党中央的机关刊物。新青年社则成为中国共产党的第一个出版机构。该社除编辑《新青年》外，还出版马列主义著作，宣传社会主义和工农运动的书籍，以丛书或单行本形式出版列宁的著作《俄罗斯革命五年》、《民族与殖民地问题》、《中国的战争》、《亚洲的觉醒》，以及《社会主义史》、《社会主义讨论集》、《阶级斗争》、《共产国际党纲草案》、《共产主义的 ABC》、《列宁主义概论》、《农民问题》、《俄国革命运动史》、《无产阶级的哲学——唯物论》、《马克思主义的民族革命论》、《京汉铁路工人流血记》、《劳动运动史》，等等。《新青年》杂志由于宣传革命思想，早就引起反动当局的注意。1921 年 2 月，刊物第 8 卷第 6 号付排时，突遭租界巡捕房包探搜查，稿件没收，另罚款 50 元，杂志也被禁止在上海继续印刷和发行。因为此时陈独秀在广东主持教育工作，故将新青年社移往广州。

俄国十月革命和五四爱国运动对中国思想界的影响是相当大的。"五四"以后，不仅马克思主义者、共产党人从事马克思主义的宣传，一些标榜革新的派别、人物也一度对俄国革命、社会主义和马克思主义表现出热情。与研究系关系密切的人物张东荪、梁启超等，"五四"后不久，就在《解放与改造》、《时事新报》副刊《学灯》上宣传讨论"社会主义"。国民党人办的《建设》杂志、《星期评论》等也刊有介绍马克思主义，宣传劳工运动的文章。1922 年 2 月创刊的《今日》杂志，更以"研究马克思学说"为标榜，几乎每一期都刊载有关马克思学说的文章。虽说各派人物宣传的社会主义并非马克思主义一家，对于社会主义、马克思主义的态度也不尽一致，但客观上这种思想潮流的确促进了马克思主义在中国的传播。正是在这种社会思潮的影响下，以营利为目的的印书机构也出版了一些有关马克思主义的著作。如 1920 年商务印书馆出版了陈溥贤译的《马克思经济学说》，以后又出版马克思的《价值价格与利润》等。同一年，上海群益书社出版了由王云五主编的《公民丛书》，其中收入了郑次川翻译恩格斯的《科学的社会主义》。也在这一年，上海"星期评论社"邀请陈望道翻译《共产党宣言》，后由社会主义研究社出版。这是该书第一个中文全译本。在此期间，尚志学会还邀请恽代英翻译考茨基的《阶级斗争》，作为商务印书馆《尚志学会丛书》的一种。该书译成后，转由新青年社出版。

社会主义、无政府主义、工读互助主义、新村主义等思想的宣传，吸引了五四时期的进步青年。实践新村或工读互助的新生活，成为他们积极追求的美好理想。而开办书社则成为其实现理想的一种方式。恽代英在武昌组织的利群书社，最初就是这种新生活理想的产物。

恽代英 1913 年 18 岁时，以优异成绩考入武昌中华大学预科班。由于父亲老迈，兄长疯痴，家庭清贫，他作为父母的第二个儿子，不得不分担家庭生活的重担。因此，从进入大学预科的第二年起，就开始撰文投稿，以稿酬补贴家用。不过，这倒使他很早就流露出写作的才华。他的文章相继在《东方杂志》、《光华学报》、《学生杂志》、《新青年》、《青年进步》等刊物发表。虽为生活写作，但他为文不应付，不苟且，所涉问题多与爱国、进步、道德和知识修养有关，颇合当时的启蒙思想潮流。他爱读《新青年》，也受到无政府主义影响，1917 年在中华大学本科三年级时，和同学一起组成互助社。五四运动爆发后，已由中华大学毕业留校任附中校长的恽代英成为武汉地区爱国运动的骨干。后来他又同宣传工读互助主义的王光祈通信结识，参加了王发起的"少年中国学会"。

　　频繁发表文章和热衷于社会活动，使恽代英认识了不少新文化人物。北京的新潮社、《新青年》编辑部都将杂志寄到武昌托他代销。1920年初，他和互助社的朋友决定在原有的书报代销部基础上成立一个新的书社。筹办书社的资金来源有两个说法，一是说由书社发起人分捐，恽代英原拟将一个月的薪金60串文（约合37.5元）全数捐上，后因急用于他事没成，只好找他的伯父赞助。据说他的这位伯父是个很赞成子弟做事业的好人，听说恽代英要办书社十分赞赏，表示可捐助一二百元。但当恽代英找到他取钱时，他却只说能筹50元，最后实际只拿出了20元。后来经廖焕星等人活动，才勉强付上书社租房的押金。另一种说法是，恽代英此时应尚志学会所邀，翻译了考茨基的《阶级斗争》一书，得稿费400元，全作了书社和他们同时开办的织布厂的资金。不管怎么说，书社总算开张了。书社出售的书刊主要是宣传新文化的新书和期刊。最初每天只卖几十文，以后每月可赚到二三十块钱。把这些钱节俭使用，加上书社成员的定期捐款，大约可以抵书社一个月的开支。按恽代英等人最初的想法，是希望借书社收入以维持大家的共同生活，而不是把书社办成一个商业机构，因此，他们拒绝招股、借债，只收捐助。大家搬进书社，白天轮流负责铺面、售书和做饭，晚上挤住在地板上。冬天寒冷，夏天闷热，自做饭菜常常不合口味，但他们却为新鲜的生活感到愉快。青年人在一起生活久了，难免拌嘴吵架一类的事情发生。于是书社订立了公约，对服务时间、读书时间、食宿费用、公共物品使用等都做了规定。还规定每天有半小时工作例会和半小时思想交流，或称"修养"的例会。此外，书社还自编发行了《我们的》和《互助》两个刊物。

利群书社开办半年多以后，毛泽东等人在长沙开办了文化书社。毛泽东早年的经历和恽代英有相似之处。他1913年考入长沙师范学校。《新青年》创刊后，他成为该刊的热心读者，并在刊物上发表过文章。1918年，他同蔡和森等组织了"新民学会"。后来，他到北京大学担任图书馆管理员工作，结识了一些新文化运动的领袖人物。"五四"期间，毛泽东成为湖南学生和群众爱国运动的组织者之一。他创办的《湘江评论》成为当时影响颇大的新潮刊物。他也当过小学教师、校长，也受过无政府主义、新村主义、工读互助主义的影响，加入过少年中国学会。1920年7月，他经过武汉时见到恽代英，请恽介绍了办利群书社的经验，回长沙后，即同易礼容、彭璜等人筹备起文化书社。

长沙文化书社以传播新文化为己任，规模比利群书社大。社员人数达到36人，初期投资赞助者即有29人，共集资500余元。开始时，书社有具体工作人员2人，后来增到6人，易礼容为经理，毛泽东为特别交涉员。由于毛泽东的积极活动，书社建立了广泛的社会联系。先后与之建立业务关系的单位仅出版机构就有泰东图书局、亚东图书馆、中华书局、群益书社、时事新报馆、新青年社、北京大学出版部、新潮社、晨报社等 10 余家。该社还在本省平江、浏阳等 7 个县设有分社。出售的图书、杂志、报纸达到数百种，其中重要的书籍有《马格斯资本论入门》、《社会主义史》、《到自由之路》、《杜威五大演讲》、《赫克尔一元哲学》、《新俄国之研究》、《劳农政府与中国》，等等。

长沙文化书社创办时，工读互助主义的影响已趋消沉，书社成为传播新文化及毛泽东与新民学会同志从事革命活动的地方。在那一段时间里，毛泽东先后读了《共产党宣言》、《阶级斗争》、《社会主义史》等书，对马克思主义有了初步了解，继而成为马克思主义的坚定信仰者。文化书社与利群书社保持有密切联系，以这两个书社为基地的新民学会和互助社成员，后来有不少成为中共党员和社会主义青年团团员。

中国共产党建立之后，以很大精力从事马克思主义的宣传工作。1921 年 10 月，在广州主持教育工作近一年的陈独秀回到上海，不久接受沈雁冰和王云五的邀请，担任了商务印书馆的名誉编辑。陈与商务本来交往不多，五四运动前商务印书馆趋于保守，陈独秀在《新青年》杂志上曾与商务印书馆主持《东方杂志》的杜亚泉等人展开过论战。"五四"期间，《新青年》曾拟请商务出版，后者以该刊"好花头太多"、印刷复杂费事谢绝。但后来随着新文化的普及，商务印书馆也追赶时潮。主持《小说月报》的沈雁冰受过《新青年》影响，后应陈独秀之邀成为中共上海发起组成员，并参加过新青年社的编辑工作。而当时新担任商务编译所长的王云五因胡适的关系及陈的名望亦对陈有好感。这大概是促成商务邀请陈的原因。但陈独秀只是接受了编辑的名义，未做什么工作。

此期间，在陈独秀领导下的中共中央筹备成立了人民出版社。该社由担任中共中央宣传工作的李达具体负责。根据当时中共中央局关于宣传工作的决议，党要在8个月内出版"纯粹的"共产主义书籍20种以上。同期出版的《新青年》9卷5号上一篇通告列出该社出版计划：《马克思全书》15种，《列宁全书》14种，《康明尼斯特丛书》（即共产主义丛书）11种，还有恩格斯、考茨基、托洛茨基、倍倍尔等人的著作9种。由于反动政府的迫害和物质条件的限制，此计划并未完成。实际出版的《马克思全书》只有《资本论入门》、《工钱劳动与资本》及重版《共产党宣言》3种；《列宁全书》有《列宁传》、《劳动会建设》、《共产主义礼拜六》等5种；《共产主义丛书》有《共产党底计划》、《俄国共产党党纲》等4种。此外还有《李卜克内西纪念》、《俄国革命纪实》等单行本。

人民出版社的社址在上海南成都路辅德里625号李达的寓所，为了保密，公开的地址为广州昌兴新街26号，即新青年社所在地。1923年初，该社正式同新青年社合并。同一年召开的中共"三大"决定扩大马列主义宣传，同时感到有必要在上海重新设立一个公开的出版发行机构，于是11月在上海小北门民国路振兴里口11号开设了上海书店。由毛泽东的弟弟，当时负责中共上海文化宣传工作的毛泽民主持。书店的

"开幕启示"表示，要在中国文化运动史上尽一分责任，设法搜求全国出版界有关文化运动各种出版物，以最低廉的价格提供给读者。在铺面的橱窗里摆放着民智书局、亚东图书馆、商务印书馆、中华书局等家的出版物，表示书店是以经营文化图书为主要业务，但实际上它是中国共产党对外出版发行的总机关。中共的主要刊物《向导》、《前锋》、《新青年》（季刊）、《中国青年》等都由该店发行。广东新青年社也归并上海书店，另成立平民书店作为售书机构。

上海书店继续出版介绍马列主义的著作，如《马克思主义浅说》、《唯物史观》、《帝国主义浅说》、《资本制度浅说》等，此外还出版《社会科学讲义》、《社会科学概论》、《新社会观》、《评中西文化观》一类社会科学书籍；《关税问题与特别会议》、《反帝国主义运动》、《反基督教运动》等涉及社会政治问题的书籍；批判反动派的《反戴季陶的国民革命观》、《显微镜下的醒狮派》，以及新文化诗集《新梦》和《平民千字课本》、《革命歌声》等书籍。

为了加强出版和发行工作，中共还在上海成立了崇文堂印务局，设立了沪西、沪东、沪北等分销处。上海书店还负责为广州、南昌、宁波等地同志开设的书店供书，甚至在巴黎、香港两地也设立了代售处。

1925 年 10 月，东南军阀孙传芳进驻上海。几个月后，孙控制下的上海地方当局以"印刷过激书报，词句不正，煽动工团，妨害治安"的罪名，将上海书店封闭。

　　同年 11 月，北伐军占领武汉不久，中共在汉口设立了第四个出版机构——长江书店，由瞿秋白负责，苏新甫等主持具体工作。该书店兼办出版和发行，附设有长江印刷所，销售的图书主要是由上海书店运送的出版物，兼售其他书店出版的进步书刊。新出和重印的出版物有《向导周报汇刊》1～4 集、《中国青年汇刊》1～6 集、《向导丛书》、《中国青年社丛书》、《马克思全书》、《列宁全书》、《新青年丛书》，以及毛泽东写的《湖南农民革命》、陆定一译的《资本主义稳定与无产阶级革命》、蒋光赤的诗集《哀中国》、《革命日历》等共 50 余种。

　　北伐军占领上海前夕，中共中央还决定在上海书店被封后转入地下的宝山书店店址恢复公开的出版发行机构，称《向导》、《新青年》、《中国青年》上海总发行所。后又改名为上海长江书店，选择了新的地点，并接连发出开幕售书启示。但不久发生四·一二政变，书店被迫停业。几个月后汉口发生七·一五事变，长江书店也被汪精卫、唐生智派人查封。

　　从 1920 年到 1927 年，中国共产党先后成立了 4 个较大的出版发行机构。国共分裂后，蒋介石和汪精卫向共产党人举起屠刀，中共领导的工农革命运动遭到重大挫折。但这一阶段马列主义书籍的大量发行却播下了革命的火种，中共领导下的出版工作也为后来工农苏维埃政权及抗日战争、解放战争时期革命根据地的出版工作积累了经验。

十五 一代青年的导师

　　五四新文化运动大大推进了出版事业的发展。其后 10 余年间，书刊出版的数量和出版社的数目都有很大增长。真善美书店 1929 年出版的《汉译东西洋文学作品编目》，涉及了出版厂家共 48 家，除商务、中华、有正、乐群、泰东、亚东等少数书局外，绝大多数成立于 20 年代。在这众多的新兴出版厂家中，开明书店以其特有的风格，成为商务、中华、世界等几大书局之外，颇受文化知识界瞩目的出版机构。

　　这个开明书店不是清末到南京、开封卖书的那家开明书店，而是由章锡琛等人于 1926 年创办的。

　　章锡琛（1889～1969），字雪村，浙江绍兴人。1912 年进商务印书馆任《东方杂志》编辑，1921 年任《妇女杂志》主编。受到新文化运动妇女解放思想的影响，章接办《妇女杂志》后，对其内容进行了大胆改革，接连发表宣传妇女解放和婚姻自由的文章。1925 年 1 月，该杂志出了讨论新性道德问题的专号，发表了章锡琛的《新性道德是什么》、周建人的《新性道德的科学标准》等文章，遭到社会上一些人的围攻。批评的意见来自《时事新报》副刊《青光》及《晶报》、《现代评论》等，说章提倡"男子多妻，女子多夫"；章的文章是"一夫多妻的新护符"。商务也有人对章的文章不以为然，于是借故审查《妇女杂志》的稿件，干涉章的职权。章对此表示抗议，并提出辞呈。时任编译所长的王云五将章调离《妇女杂志》，到国文部做一般编辑。章在商务的同事胡愈之、郑振铎等对此事甚为不平，支持章另办《新女性》杂志。商务印书馆规定，该馆职员不得自行经营和印书馆已有性质相同的业务，当得知章筹办与《妇女杂志》性质相同的《新女性》杂志时，于1925年底将章解职。

《新女性》杂志于1926年1月正式出版，这完全是章锡琛的朋友帮忙，大家义务写稿，拼凑印刷费才得以实现的。虽然刊物受到好评，终不能总靠大家帮忙维持。有人建议章主持办一个书店，出版图书、杂志，既可以发展事业，也可以使章一家的生活得有保障。章把从商务领取的退俸金2000元拿出来，又求得在沈阳担任商务分馆经理的弟弟章锡珊的帮助，凑得5000元作为资本。不久，章锡珊辞去商务之职，举家迁到上海，兄弟俩由此开起书店。章的好友，曾任《晨报副刊》、《京报副刊》主编的孙伏园给书店取名"开明"，并挥毫写下了第一块招牌。

开明书店1926年8月正式成立。开始时除印行《新女性》、《文学周报》、《一般》、《语丝》、《国学门周报》等杂志外，也出版了《妇女问题研究丛书》，内有《新性道德讨论集》、《妇女问题十讲》、《性的知识》、《结婚的爱》以及《文学概论》等书。书店渐渐有所发展，1928 年改组为股份有限公司。章锡琛推荐他的老师杜海生任经理，夏丏尊任编译所所长，自任总务处长。当年共集股 5 万元，以后陆续增加，到1937 年时达到 30 万元，具有了中等出版厂家的规模。

章锡琛是文学研究会的成员，帮助他开办书店的同事、好友，亦都是文化层次较高的知识分子，除胡愈之、郑振铎外，还有文学研究会的沈雁冰、叶圣陶、赵景深，有热心教育的上海立达学会会员匡互生、朱自清、朱光潜。亦有商务印书馆编译所的周建人、王伯祥、周予同、徐调孚、顾均正等。这些人有的积极为开明出谋划策，有的热心撰稿，有的短期或长期在开明工作。大家的共同想法是办成一个为社会教育、文化工作服务的书店，于是不久便确立了书店面向青年学生的方向。

首先是编印学校教科书。章锡琛当过语文教师，了解一些学校的教师讲课不用教材，而是自选材料油印成讲义，费时费力，并且常有错误。针对于此，他设计出版了活页文选，取材于古今名篇，多种文体，根据购者选择的篇目，灵活组合，装订成册，受到受课教师及学生的欢迎，以至于印行篇目达到 1500 种之多；在此基础上，又出版《开明活页文选注释》单行本 10 册。接着，章锡琛请人编了一套数学课本，亦获成功。在此期间，通过孙伏园介绍，章锡琛和正拟编辑英文教科书的林语堂建立联系，答应林的每月支付300 元生活费的条件，肓林编辑《开明英文读本》，另请丰子恺为课本做插图。林语堂选用许多文学故事作课文，内容新颖活泼，加上丰子恺漫画风格的插图，使这套教材大受青睐，销行20多年不衰。

《开明活页文选》、《开明英文读本》和《开明算学教本》成为开明初期发行的三大教科书。此外，开明书店还出版过叶圣陶编辑的《小学国语课本》，傅彬然编辑的《常识课本》、《社会课本》，顾均正、贾祖璋合编的《自然课本》，齐薰宇编的《算术课本》等初高小教材。其中叶圣陶的《国语课本》，1949年后还改名《幼童国语课本》、《儿童国语读本》重新出版过。

其次是出版适合青年学生阅读的刊物。开明刚成立时，出版发行过由立达学会同人编辑的刊物《一般》。这个杂志刊登新文体的文学作品，注重趣味，力避陈套，"以一般的人，说一般的话，给一般的人看"，的确受到了一般读者的欢迎。后因稿件质量要求高，撰稿、投稿不多而停办。但《一般》的编辑思路却对出版浅显通俗的青少年读物给予了启发。

1930年，夏丏尊等编辑出版《中学生》杂志，每月一期，内容包括各学科学习方法指导，新科学知识的简单介绍，时事问题解说，青年道德、世界观修养，处世方法辅导，等等。刊物标明对象是高中学生，但实际上，许多大学生和社会青年都很喜欢读《中学生》。著名地理学家侯仁之30年代在北京通州中学读书时，曾为买一本《中学生》杂志，用星期天一整天时间进北京城，徒步往返四五十公里而不觉辛苦。《中学生》还时常举行征文一类活动，以鼓励青年学生锻炼写作。后来有很多文化思想界著名人物，如胡绳、萧乾、臧克家、戈宝权等，对阅读《中学生》或为《中学生》投稿所得到的帮助留有深刻记忆。

在编辑《中学生》及其姊妹刊《开明少年》的同时，开明出版了一批以青年学生为对象的丛书、丛刊，如《开明青年丛书》从 1932 年到 1949 年共出 100 种上下。其中有董存才译的《十万个为什么》，丰子恺的《艺术趣味》、《西洋音乐知识》，夏丏尊、叶圣陶著的《文心》、《文章讲话》、《阅读与写作》，茅盾的《世界文学名著讲话》，以及《电子姑娘》、《生物素描》、《生活艺术》、《亚洲腹地旅行记》、《我们的身体》、《青年与生活》、《给青年的十二封信》、《物理世界的漫游》、《科学的故事》、《南极探险记》、《数学的园地》，等等。《开明少年丛书》27 种，有《读和写》、《文章例话》、《疾病图书馆》、《少年科学未来战》、《大丈夫》等。《开明中学生丛书》20 余种，有《孔子》、《班超》、《王阳明》、《玄奘》、《哥伦布》、《拿破仑》、《赫克尔》、《大畏重信》、《鸦片战争》、《戊戌政变》、《欧洲文艺复兴》、《产业革命》、《美国独立》等。《世界少年文学丛刊》，有小说《爱的教育》、《宝岛》、《吉诃德先生》、《鲁滨孙漂流记》，寓言《木偶奇遇记》，剧本《灰姑娘》，及其他传记、故事、神话、童话多种。还出版有《开明少年文学丛刊》10 余种，《开明青年英语丛书》10 余种，《中学生杂志丛刊》36 种，等等。这些读物连同开明出版的茅盾的《子夜》，巴金的《家》、《春》、《秋》，叶圣陶的《倪焕之》等不朽著作，为一代青年提供了大量文化科学知识的食粮，起到哺育作用。

由于注重服务社会，开明书店养成一种"朴实而无华，求进弗欲锐，惟愿文教敷，遑顾心力瘁"的风气。对于图书质量，他们力争做到精益求精，每本确定出版的书稿在发排之前，都要经过细致处理。凡模糊的字迹、标点，特别是人名、地名模棱两可之处，都要重写清楚，杜绝一切可能出现的差错。编辑和校对工作采取"合一"制度。这种制度规定：编辑、校对在同一个办公室工作。一方面二者分工明确，自负其责。另一方面，编辑要熟悉校对工作，有时要充当校对；校对也要熟悉编辑工作，有时也要从事编辑。这样做的结果是加强编校人员的责任心，提高工作能力，同时也加快了书的出版速度。

在出版印刷和销售各方面，开明书店都很注意为读者着想，如在出版《开明活页文选注释》时，编者提出的原则是"注释一字一典，必详其意义，究其来历，无稍含糊"。他们的注释取材广博，有的正文 2500字，注释却达 1.2 万字，其目的在于使学习者不必再翻检其他参考书、工具书，就可以准确理解原文，并获得丰富的知识。

在印刷纸张方面，30 年代开明书店业务有了一定发展之后，便十分注意精心选择。当时国内生产的纸张质量差，价格高，国外进口的白纸略嫌刺眼，有伤目力。经比较，开明选择了德国生产的一种次道林纸。

这种纸是用生产白报纸的原料，加重加厚，再经过超级压光制成的，色泽稍显灰黑。开明要求厂家在纸上加点淡黄颜色，印上文字后色泽柔和，图文清晰，不刺眼，还略有些古味，很受欢迎。

开明还特别注意销售服务的周到热情。如他们向每位购书者赠送几张长 20 厘米、宽 3 厘米的书签，上面一行苍劲的魏碑体毛笔字写道："请以任何方式给开明书店邮购科一个机会，试验它是否具有为君服务的忠忱与能力。"著名作家冰心回忆起她与开明的一段因缘说：40 年代她写了一本《关于女人》，送某家出版社出版。该出版社原说销路很好，要求再版，冰心赶紧将原书改好寄出。谁知书稿一去如泥牛入海，音息全无。冰心写信询问，回说是初版尚未售完。然而就在同时，许多地方都有该书出售，国内各报都在宣传该书销路极畅，甚至美国的一家杂志也报道说该书是重庆最畅销的书。冰心决定将原书稿再次修改，交给开明书店出版。开明没有使她失望，书出后，按期给她寄上稿费。后来她东渡日本，稿费和出版税仍按期寄往北京谢宅。开明书店与作者、购书者之间的关系，就是在这种注重信誉的基础上不断密切起来的。

开明书店也出版了一些文史书籍，如夏衍译的高尔基的《母亲》，郭沫若的《离骚今译》，王国维的《人间词话》，周谷城的《中国通史》，以及《二十五史》、《六十种曲》、《十三经索引》、《断句十三经白文》、《马氏文通》、《文心雕龙》等。40 年代又出版了《开明文史丛刊》近 30 种。编辑出版这类图书，同样体现了书店为发展文化和为读者服务的精神，如刊行《二十五史》时，市面上已经有商务印书馆的《百衲本二十四史》和中华书局的《聚珍仿宋版二十四史》发行。前者售价二三百元，后者也要百元以上。开明书店一方面在"二十四史"的基础上加进柯劭忞的《新元史》，对于增补、订正《元史》有很大帮助，另一方面将《二十五史》缩编成 9 册，每套只售 36 元，为收入欠丰的读者阅读、保存古代历史典籍提供了机会。

《二十五史》全部为纪传体体裁，书中内容分本纪、列传、表、志等形式。本纪主要记帝王及大事，列传记人物，表记年代、事件、人物之间的关系，志记天文地理及河渠、刑法、货殖、礼乐、艺文等社会经济、法律、文化活动。但《二十五史》当中有些史的记载不全，或有志无表，或表志两缺。后人有对缺者进行补作、校正、考订的，散编在各种图书中，搜寻颇为不易。开明书店精心谋划，四处访求，竟得这种补充本 240 余种，辑成《二十五史补编》出版，为阅读和研究历史者提供了方便。著名历史学家顾颉刚曾说，此书的出版是"史学界中一绝大快事"。

开明出版的《辞通》与商务的《辞源》、中华的《辞海》被称为"鼎足而三"的辞书巨著。该书作者是浙江海宁人朱起凤。据说他 20 多岁时，替担任本县安澜书院山长的祖父批改童生卷子。有一位学生卷子上写有成语"首施两端"。朱认为这里的"施"写错了，应是"鼠"字，就把它改为"首鼠两端"，并加上批语。卷子发下后，那位学生很不满意，找到朱的

祖父说，"首施两端"典出《后汉书》，并没有错。朱
起凤的祖父将此事告诉他。他回头一查，果然在《后
汉书》的《西羌传》和《邓训传》中找到那句话。书
中并带有解释："首施，犹首鼠也。"朱起凤一方面为
自己学识有限，给祖父添了麻烦而惭愧，同时感到汉
字的同音通假字多，容易发生错误。于是下决心抄录
古书中一切双声叠韵词，注明出处，以便读书者查寻。
经30余年的努力，终于编成一部300万字的辞书，起
名《读书通》。后得知明代人已有同名之书，因此改为
《新读书通》。

这部《新读书通》从声音的通假寻求文字训诂，
把古书中各类两个字的合成词排比整理，按平、上、
去、入四声分部编次，以常见的词列在前面，把和这
词意义相同而形体相异的词一一附列于下，说明某词
使用于何时，见于何书，并指出某词是某词的意近假
借，某词是某词的意同通用，某词是某词的字形讹误。
这和《辞源》的注重词的来源，《辞海》的注重词的
含义不同，既可以作后二者的补充，又为读者提供了
语言文字学知识和训诂学方法，因而胡适、钱玄同、
章太炎等都对此书给予过很高评价。

该书的作者一开始到商务、中华联系出版。商务
因刚出《辞源》不久，并正编撰《辞源续编》，未予
接受。中华因见该书僻字太多，排字困难，拟影印出
版，试印后效果不佳，因而作罢。后来又曾与文明书
局、中央研究院历史语言研究所、群学社等单位联系，
或因版权费太低，或因不敢担保出版，或因印刷条件

不具备，均未成交。最后，经朱起凤的学生宋云彬与开明书店联系，夏丏尊、王伯祥、叶圣陶、周予同、郑振铎等注重学术价值的文人学者极力赞成。章锡琛断然下了决心，付给作者 6000 元作为稿费，将该书合编 24 卷，精装 20 册，更名《辞通》，于 1934 年 8 月正式出版。章锡琛原以为此书会赔本，出乎意料的是，第一版 1 万册两个月内即销售一空，再版加印数万册，仍然供不应求，不仅产生了良好的社会影响，也为开明带来了利润。

开明书店全盛时期，在全国设有 30 多个分店，前后在书店担任组织、编辑工作的知名人士不下几十位，其中夏丏尊、叶圣陶、丰子恺和钱君匋等人尤其值得一书。

夏、叶二人是文学研究会成员，1927 年后相继入开明。夏长期担任编译所长，叶担任《中学生》杂志的主编，后期曾主持开明书店编译所成都办事处。他们都对青年教育抱有极大热心。夏入开明前，译有意大利亚米契斯的《爱的教育》，在商务印书馆出版，后来转由开明印行，成为最畅销的青少年读物之一。以后他又翻译了《续爱的教育》。叶圣陶写的童话《稻草人》等也受到青少年读者的欢迎。这几种书在 20 多年时间里，都再版过十几到几十次。许多阅读该书的人深受其影响，得益终身。夏、叶还合作写过不少辅导青年学习的书，《文心》是其代表作之一。该书采用故事体裁，通过许多生动的事例，如课堂问答，师生对话，朋友间的交谈，等等，全面介绍国文知识，从语法、修辞，文章的写作，风格的形成直到文学欣赏，无所不包，使青少年读者在阅读故事当中受到文化的熏陶，学识的培养，技能的训练。

丰子恺和钱君匋是开明书店的美术装帧设计师。丰子恺早年从其叔叔学习绘画、音乐，曾去日本研习，是著名的艺术教育家。他的漫画十分出色。1926年他的第一本画集《子恺漫画》由文学周报社初版后转由开明再版。他本人后来担任了《一般》杂志和《中学生》杂志的艺术编辑、撰稿人。他的设计富于整体感，对于封面、环衬、扉页等都有通盘考虑，并有着装饰效果强、形象具体生动、线条简洁、寓意深刻的特点。如他设计的开明书店出版标记是一本打开的书，敞开的书页面向一个光芒四射的半圆形太阳，书面上写着"开明"两字，使人联想到开卷有益，或者打开书本便见到光明，从而留下深刻印象。丰子恺还在开明出版了许多绘画、美术、音乐理论书籍及文学作品。

钱君匋毕业于上海艺术师范，曾担任过杭州一个艺术专门学校的图案教授，1929年入开明从事美术和音乐编辑，并负责装帧设计。在开明7年，他充分发挥了业务专长，为《倪焕之》、《英雄的石像》、《家》、《春》、《秋》等许多图书作过美术设计。他的设计以图案、纹样为主，用色雅致，字体庄重，图文配制得当，富于变化，新颖美观，别具一格。经他"包装"的开明书籍增加了对购买者的诱惑力。他由此也出了名，许多名作家如鲁迅、茅盾、郭沫若、陈望道、郑振铎等人，以及《小说月报》、《妇女杂志》、《东方杂志》等刊物都请他设计装帧。他前后设计的图书封面达到上千幅。他和丰子恺做的工作增强了图书装帧的艺术效果，也带动了其他一些出版社装帧工作的改进。

开明书店在发展过程中，也是历尽坎坷。1937年八·一三日本进攻上海，开明书店被炸，损失惨重。后来在向武汉搬迁的过程中，托运的部分物资又被日本军队劫持。1941年太平洋战争爆发后，开明在上海租界的店址被查封，不得不在桂林设立总办事处。后来桂林失陷，又迁往重庆。解放战争时期，由于连年内战，经营区域缩小，国统区通货膨胀严重，维持出版十分艰难。在这样的环境中，开明书店同人仍旧发扬求进精神，恢复了被迫中断的《中学生》，创办了新刊《开明少年》，并出版了一些新书。1949年5月上海解放，10月，开明书店提出与政府公私合营的请求，1950年4月得到出版总署的批复，成为新中国第一家实行公私合营的出版机构。1953年4月经出版总署建议，开明书店与团中央的青年出版社合并，组成中国青年出版社。从此开明书店以新的面目，成为新中国青少年的知心朋友和导师。

十六 在刺刀与铁蹄之下

　　1927 年国共分裂后不久成立起来的国民党政府，为了巩固一党独裁的统治，在思想文化领域实行严密的控制措施。1930 年政府公布的出版法规定，出版物不得登载"意图破坏中国国民党或破坏三民主义"，"意图颠覆国民政府或损害中华民国利益"等内容。否则有关部门可以禁止其出售、散布，并有权加以扣押；发行、编辑、著作及印刷人判一年以下有期徒刑或1000 元以下罚金。在此前后，国民党中央宣传部先后制定了"宣传品审查条例"和"审查标准"，规定凡"宣传共产主义及阶级斗争"，"宣传国家主义、无政府主义及其他主义"，攻击或反对国民党主义、政纲、政策及决议案的，"挑拨离间分化"国民党的，"妄造谣言以混淆视听"的，一律被视为"反动宣传品"，予以"查禁、查封或究办"。1934 年国民党中央宣传委员会设立了图书杂志审查委员会，同时公布"图书杂志审查办法"，又规定：所有书局、社团或著作人出版的文艺及社会科学书刊，均应在付印前将稿本呈送审查，未经审查擅自出版者，按出版法实施细则有关规定

"概行扣押"。

根据这一系列法令法规，国民党地方政府、特务机关及其收买的流氓对图书出版、销售机关和著作人进行了野蛮的监视、迫害，其程度远远超过清朝政府和北洋政府。1929 年，出版进步文艺刊物的创造社被查封。1931 年，革命作家柔石、胡也频、殷夫、李伟森、冯铿被枪杀；上海现代、北新、群众、乐群、光华等书局遭查封；良友图书公司、神州国光社遭暴徒破坏。1933 年，著名作家潘梓年、丁玲被特务绑架。

1934 年上海发生大举查封图书事件。这一年 2 月 19 日，国民党中央宣传委员会密函上海特别市党部，称："查上海各书局出版共产党及左倾作家之文艺作品为数仍多。兹经调查，其内容鼓吹阶级斗争者计 149 种"，"希严行查禁，并勒令缴毁各刊物底版"。市党部立即派人到各书店挨户搜查。所查禁的 149 种图书分别由神州、现代、光华、湖风、南强、中华、开明、北新、商务等 25 家书局出版。此事引起上海出版业的恐慌。由上海书业组织的中国著作人出版人联合会推举代表向市党部请愿。国民党中央宣传委员会和上海市当局作出"体恤商艰"的虚伪表示，宣布将《圣徒》等 37 种"恋爱小说，或系革命以前作品"解除禁令；《创造十年》等 22 种许删改后发售；其余 90 种或严予销毁，或禁止出售，或暂停出售。这次大规模查禁导致其后不久图书审查制度的设立。从此有更多的进步图书在付梓前就被判为禁书。据统计，从 1927 年到 1937 年间，被查禁的各类书刊达到 2500 种以上。

国民党在围剿革命进步出版物的同时，从 30 年代初、中期开始，发起了"新生活运动"和"中国本位文化建设运动"。为了宣传尊孔复古和法西斯主义，国民党或由政府官员出面，或纠集反动文人办报办刊，出版图书，企图操纵舆论工具。1933 年成立的中正书局就是由 CC 系控制的出版机构。该局由国民党中央党部统计处主任吴秉常和该处工作人员南维岳相继担任总经理，先后出版周佛海主编的《中国青年丛书》，陈立夫的《唯生论》和他主编的《国防教育丛书》、《国民说部》，蒋介石的《中国之命运》，梁实秋的《偏见集》等千余种图书及《时事月报》、《中国文艺》等 10 余种刊物。

在国民党的刺刀、棍棒威胁下，一些书局、书店不得不谨慎小心，但进步的革命者和共产党人却坚持与反动派的文化围剿进行斗争。

1930 年 3 月，在中共领导下成立了中国左翼作家联盟，出版进步刊物、译作、图书。同一时期，郁达夫、鲁迅、田汉等 50 多人发表《中国自由运动大同盟宣言》，抗议国民党政府查禁书报，检查新闻，残害教育，破坏正当集会、结社，号召人们团结起来为自由而奋斗。1935 年文学社等 17 个文艺团体和包括一些出版界人士在内的 90 多人联名发表《我们对于文化运动的意见》，批驳复古读经运动。20 年代末到 30 年代初，李达与陈望道在上海相继开办了昆仑书店、笔耕堂和大江书铺，出版《资本论》（第一分册）、《反杜林论》、《社会学大纲》、《辩证法唯物论教程》、《经济学概论》及法捷耶夫的《毁灭》、高尔基的《母亲》等翻译小说。中共中央亦在上海先后开办无产阶级书店、华兴书局，出版发行《共产国际与中国革命》、《什么是苏维埃》、《中国革命与共产党》、《马克思主义之基础》、《俄国革命史画册》等书籍。当然，这些图书绝大部分都被查禁，这些出版社也相继被查封或被迫停业。

为了在白区进行革命宣传，中共还设立过一些地下出版发行机构，北方人民出版社便是其中有影响的一个。

1931 年秋，中共保定地区党组织鉴于宣传工作需要，派王辛垦筹办一个印书机构。当时王手中没有经费，只好同保定协生印书局的熟人联系，在那里以先印书后付款的方式，建立起信用关系，然后，以"人民出版社"的名义，陆续印刷一些书籍。这样便形成了一个秘密出版机关。这个人民出版社，又称北方人民出版社。它印的书大部分是中共先前几个出版社出版图书的重排本，也有的是上海党组织寄过来的出版物。有时也由上海党组织寄来纸型，由这里印刷。出于保密工作需要，出版社的编审、校对、发行工作全部由王辛垦一人担负。书印好后，王立刻将其分散保存起来，有的藏到保定师范学校或其他有熟人关系的地方；有的裹在被单中，藏到熟悉的洗衣坊里；最后再分批寄往北京、上海及其他一些城市同志手中。为了迷惑敌人，邮书时接货人的姓名多采用化名，或通过某处传达室的可靠人员代交。书的封面开始时印有

"人民出版社出版"，"新生书社发行"。后来也常印上"人民书店"、"北国书社"、"新光书店"等名称。1932 年 7 月，保定师范发生学潮，王辛垦受到通缉，出版社的工作被迫终止。北方人民出版社前后存在不到一年，共印行马克思主义理论和革命书籍几十种，在北方地区起到宣传革命的作用。

30 年代中期，日本侵略者的铁蹄开始踏向华北大地，民族危机日益加深。国民党对外实行不抵抗政策，对内的舆论控制却步步加紧。然而，一批革命图书被查禁，又有新的革命图书印出；一批进步书店被查封，又有新的进步书局出现。生活、读书、新知三家进步书店就是在这时相继建立起来的。

生活书店的前身是《生活》周刊社，最初附设于中华职业教育社，1932 年独立出来，1933 年 8 月正式成立生活出版合作社，对外称生活书店。该社一面出版《生活》、《新生》、《大众生活》、《世界知识》、《太白》、《译文》、《妇女生活》等多种有影响的期刊，同时也出版大批进步的或革命的图书。如张仲实主编的《青年自学丛书》，先后出版数十种，内有何干之的《中国社会性质问题论战》、《中国社会史问题论战》，艾思奇的《思想方法论》，平心的《社会科学研究方法》，胡绳的《新哲学的人生观》，等等。又出版胡愈之主编的《时事问题丛刊》18 种，钱俊瑞主编的《黑白丛书》25 种，以及《世界知识丛书》、《创作文库》、《中国的一日》、《反杜林论》、《费尔巴哈论》等。其中《中国的一日》模仿高尔基《世界的一日》编辑方法，由书店向全国发出以记载 1936 年 5 月 21 日这一天发生在各地的事情为题的征文，从中精选 400 余篇，共 80 万字汇编成书，一时轰动读书界。文学书籍出版有老舍、张天翼、巴金、沈从文、臧克家、艾芜、茅盾、叶圣陶、郁达夫、王统照、周立波、夏衍等人的作品。翻译作品有《高尔基创作选集》——这是瞿秋白（署名萧参）翻译的，出版不久即被查禁；还有《吉诃德先生》、《简爱》、《安娜·卡列尼娜》，等等。

生活书店的主要负责人是著名新闻记者和出版家邹韬奋。韬奋原名恩润，生于 1895 年，毕业于上海圣约翰大学。1926 年接办《生活》杂志，以发表短小精悍的评论和有趣味、有价值的文章吸引读者，使该刊销量达到十几万份。生活书店成立后，他于主持出版、主编刊物、撰写新闻评论的同时，积极参加反抗专制、要求民主、要求抗日的活动，受到国民党政府的迫害，一度流亡国外。回国后又曾作为"七君子"之一，被国民党政府逮捕。抗日战争爆发后，韬奋创办了《抗战》三日刊、《全民抗战》五日刊，产生很大影响。皖南事变后，又被迫流亡香港，从那里辗转进入苏北解放区，1944 年病逝。中国共产党对韬奋的工作予以很高评价，追认他为中共党员，毛泽东和朱德等为他题了挽词。

读书出版社成立于 1936 年，原名为读书生活出版社，从该社的前身《读书生活》半月刊发展而来。《读书生活》创办于 1934 年 11 月，由李公朴主编，登载指导青年读书、进步的文章，1936 年 11 月被国民党政府查封。同一年，该刊发表的文章被编成图书，以读书生活出版社的名义出版。年底，由黄洛峰出任出版社经理，艾思奇任编辑部长。黄、艾和另一主持人柳湜都是共产党员，因此该出版社实际上是一个革命的宣传机构。该社出版的第一本图书是艾思奇的《哲学讲话》。这本书以通俗语言讲解了马克思主义的辩证唯物主义原理，发行不久就被查禁，后更名《大众哲学》，连续再版 30 多次，成为支撑出版社的畅销书。该社出版的另一部重要书籍是马克思的《资本论》。此书由郭大力、王亚南合译，是该书第一个中文全译本。此外还出版有《如何生活》、《读书与写作》、《近代哲学批判》、《中国历史教程》、《新哲学大纲》和以翻译苏联文艺理论及文学作品为主的《角半小丛书》，少年读物丛书《少年的书》，等等。

新知书店的创办人钱俊瑞、徐雪村等，于 1934 年组织中国农村经济研究会，编辑《中国经济情报》周刊和《中国农村》月刊。在此前后发生了生活书店《生活》、《新生》杂志相继被查封的事件，使进步刊物的生存面临威胁。钱俊瑞等决定集资筹办书店。

1935 年秋，仅有股本 500 元的新知书店正式成立，由钱俊瑞担任理事长，徐雪村和华应申负责具体业务，姜君辰主持编辑工作。该社先后出版过揭露国民党货币政策反动本质的《中国货币制度往哪里去》，谴责意大利法西斯的《意阿战争与第二次世界大战》和《帝国主义铁蹄下的阿比西尼亚》，《中国农村》月刊与托派论战文章的结集《中国农村社会性质论战》，国内第一部结合国情浅释政治经济学原理的入门书《通俗经济学》，以及《农村经济基本知识》、《中国经济问题讲话》、《毛泽东救国言论集》，译作《帝国主义论》，文学作品《鲁迅传》，翻译小说《钢铁是怎样炼成的》等共 200 多种图书。此外，还出版过《语文》、《新世纪》、《阅读与写作》等 10 种刊物。

1937 年日本帝国主义发动了全面侵华战争。其后 8 年中，侵略者的铁蹄践踏了大半个中国，这给出版事业造成很大的冲击。一方面，随着国民党军队步步撤退，许多出版社也相率内迁，在西南内地建立起总部或分支机构。如商务印书馆先在长沙设立总管理处，后移重庆。开明书店在桂林、贵阳、万县、重庆、成都、昆明等地设立办事处，后总办事处也移往桂林、重庆。生活书店、读书出版社、新知书店也先后撤往汉口、重庆，并在内地设立许多分店。同时在汉口及内地也成立了一些新的出版社，如中共中央长江局在武汉创办了中国出版社，俞鸿模在汉口创办了海燕出版社，李公朴在昆明创办了北门出版社，等等。另一方面，在沦陷区上海，中华书局、世界书局、开明书店等出版社的总部机关，商务印书馆的留沪办事处，生活书店留沪人员成立的远东图书公司，读书出版社上海分社，以及武汉失守之后，于 1940 年在上海复业的海燕书店，等等，仍在上海维持着出版工作。

尽管日军占领上海不久就勒令中国人出版的报刊一律接受检查，但由于抗日战争爆发后一段时间里，上海尚部分地控制在与日本有矛盾的英美等西方国家租界势力手中，因而还有一些可利用的出版自由，使这些留在"孤岛"上的出版机构仍能出版一些进步的、有价值的，甚至宣传抗战的书刊。例如，读书出版社的《资本论》、《斯大林传》就是在这一时期出版的，此外还出版了《列宁传》、《延安访问记》等。海燕书店出版了《地下》、《伟大的教养》；大众出版社出版了《民族统一战线教程》、《中国现代革命史》；由胡愈之、许广平等组成的中华出版社出版了20卷本的《鲁迅全集》及《百行漫记》；世界书局出版了《大时代文艺丛刊》，等等。这种局面一直维持到太平洋战争爆发前夕。其后，日本侵略军进入租界，对出版物控制更加严密，多次发生查封书局书店，没收图书的事件。中华书局、世界书局、开明书店的总部和其他一些出版社，或书局、书店的留沪机构也不得不从上海撤往内地。这时在沦陷区北平、天津、南京等地，仍有爱国人士和地下革命工作者印发宣传抗日的书刊。同时，慑于日伪汉奸的淫威，这些地方也出版了大量奴化教育的书刊。

在国统区，抗战开始后的一段时间里出现了大量宣传抗日的书刊，其中仅各类抗战丛书、丛刊就达数十种。内有由中国文化建设协会主编，长沙商务印书馆出版的《抗战小丛书》近30种；中山文化教育馆出版的《抗战丛刊》四五十种；汉口生活书店的《抗战中的中国丛刊》8种；重庆艺文研究会出版的《抗战文艺丛书》8种、《抗战戏剧丛书》6种；汉口大众出版社的《抗战动员丛刊》6种；星星出版社出版的

《抗战报告丛书》6种，等等。这些丛书和其他种类的抗战书刊，有的是国民党政府机构主持或在其授意下出版的，有的是中国共产党在国统区建立的出版社出版的，也有一般抗日爱国人士或出版机构编辑出版的。它们体现了整个中华民族不屈不挠的对敌斗争激情和团结抗战精神。

随着战争相持形势的出现，国共之间的摩擦不断发生，国民党政府对于中共和人民群众的出版宣传采取了步步加紧的控制政策。《修正抗战期间图书杂志审查标准》、《战时图书杂志原稿审查办法》、《杂志送审须知》、《图书送审须知》、《书店印刷店管理规则》等相继出笼；查禁书刊，封闭书店，拘押迫害出版、印刷、售书人员之事屡屡发生。

据不完全统计，从1938年3月到1945年8月，国民党查禁的书刊达1000多种。生活书店56个分店中有55个先后被查封，新知书店亦有10余家分店被查封。然而，日寇的铁蹄既然不能屈服中华民族，国民党政府的刺刀棍棒也不过得逞于一时。1945年日本侵略者投降，距国民党专制统治的灭亡已为期不远了。

十七　人民出版事业的奠基

　　中国共产党领导的人民出版事业的萌芽，早在工农武装割据时期就已出现。当时，党在领导苏区人民开展土地革命，反抗国民党军队围剿的斗争中，为了配合政策宣传苏区和红军中干部、战士的思想教育及苏区的文化教育工作，先后发行了 70 多种报刊，出版或翻印了 200 多种图书。

　　1935 年 10 月，红军长征到达陕北，不久后根据新的形势成立了中央党报委员会，统一领导新闻宣传工作。这个委员会由张闻天等负责，廖承志（后徐冰接替）任秘书长，内设出版科和发行科，先后创办发行了《解放周刊》、《新中华报》、《解放日报》。同一时期，由中共中央马恩列斯著作编译局编译，以解放社的名义出版了一批马恩列斯著作，包括《列宁选集》、《马克思恩格斯论中国》、《斯大林选集》1~5 卷、《马恩列斯思想方法论》、《马克思恩格斯丛书》，等等。后来，毛泽东等中共领导人的著作以及有关单位编辑的政治、文学书籍，如《时事问题丛书》、《鲁迅小说选集》，苏联著名作家肖洛霍夫的小说《仇敌》，苏联剧本《前线》等也都以解放社的名义出版。"解放社"成为延安出版物的公用名称。在国统区，延安出版的书籍发行则采用中国出版社及重庆解放社等名义。

延安出版的图书和报刊都是在《解放日报》印刷厂印刷的。这个印刷厂设在延安城外清凉山的一个大石窑洞中。开始时，厂里只有简陋的石印设备。后来厂长祝志澄奉中央命令到上海购买了一批铅印器材，但出版条件仍旧很差。有些字没有字模，只好用手工刻制；装订图书时没有裁纸刀，书只好是毛边；没有电力，机器就用手摇发动。印书的纸最初由外地购进一些白报纸，价格较贵，并且不能保证供应。工人便自己制造土纸：将麻绳头泡成纸浆，摊在一个竹帘上，贴在墙上晾干，称做白麻纸；把马兰草弄碎搅拌成纸浆做成的深绿色的纸叫做马兰纸。还有一种糊窗户用的粉连纸。有时一本书装订起来，几种色彩质地不同的纸张杂叠在一起，红红绿绿倒也好看，但毕竟比不上白报纸印的字清楚漂亮，易于保存。当时的马恩列斯著作大多用白报纸印刷。此外，八路军总政治部出版的《八路军军政杂志》在较长时间内使用白报纸，为其他刊物和图书的编辑者所羡慕。

1939年3月，中共中央为了顺利、广泛地发行革命的出版刊物，打破顽固派的查禁和封锁，决定从中央到县委一律设立书刊发行部门。6月1日，在延安正式成立中央出版发行部，与原党报委员会的出版、发行科合并，由李富春兼任部长，王林任副部长。出版《中国妇女》、《共产党人》、《中国文化》、《中国工人》

等期刊。同年 9 月 1 日，正式成立党的发行机构新华书店。

在新华书店成立之前，延安原有一个光华书店，成立于 1937 年 6～7 月间。店址初设于延安城内府前西巷钟楼附近，后因敌机轰炸，搬到西山的窑洞里。店中出售的书部分是延安出版的，部分是由西安书店寄来的。不久，因国民党方面封锁，西安的书刊邮寄不到，光华书店被迫与光华商店合并。

延安新华书店成立后，承继了光华书店的存书，在北门外找到 7 间平房，设立了门市、批发、期刊发行、进货、栈务、邮购等部门。毛泽东为书店题了字。从这时起，延安出版的大部分书刊都印上"新华书店发行"的字样。

延安新华书店里摆放着根据地出版的各种报刊、马恩列斯和毛泽东及其他中共领导人的著作，还有一些文艺图书。前来购书的人很多，特别是节假日，顾客川流不息。当时延安有不少从国统区来的知识青年，新华书店成为他们心目中最受欢迎的地方。

延安新华书店除了负责本地的图书发行外，还负责向周围地区运送图书。当时交通运输困难，只能用毛驴驮运，行走缓慢，近的地方要走上一两天，远的地方要走五六天，甚至十来天。此外，他们还要通过封锁线把书运到敌后其他根据地和国统区，并且还要搜集国统区出版的图书运回延安。

1942 年，为使中央出版局领导的新华书店从陕甘宁边区的具体发行工作中摆脱出来，边区中央局决定在延安成立陕甘宁边区新华书店，地址选在延安南门外新市场。原新华书店撤销了门市部，全力从事全国范围的书刊发行工作。与此同时，陕甘宁根据地其他一些区县镇，如关中、安塞、甘泉等地，陆续建立起新华书店分店、分销处，逐渐形成了全区的图书销售网络。

在抗日战争中，中国共产党领导的八路军、新四军开辟了晋察冀、晋冀豫、晋绥、华中、山东等许多根据地。各根据地为开展宣传工作，也分别办有自己的报社或书店。各地的书店后来陆续都改成新华书店。不过这些地区的新华书店不仅担负发行职责，也从事出版。如晋察冀新华书店在抗日战争期间出版有《毛泽东的故事》、《斯大林传略》、《中国近代史讲话》、《晋西北的英雄们》、《毛泽东选集》等图书96种，57万册。山东新华书店编印《山东文化》、《大众歌声》、《山东画报》、《山东教育》、《生产运动小丛书》、《通俗文库》等书刊300余种。华中根据地开始时主要出版报刊，到1945年底成立了新华书店总管理处，设有编辑部、出版部、发行科和直属印刷厂，不到一年时间，出书159种。其中多数是翻印延安解放社和其他解放区的书籍。自己出版的书有范长江的《上饶集中营》，阿英的剧本《李闯王》，韬奋的遗著《患难余生记》等。晋冀豫根据地先是以《新华日报》（华北版）报馆的名义出版图书期刊。1942年元旦，在辽县（现左权县）成立华北新华书店。先后出版有毛泽东的著作《论新阶段》、《论持久战》、《新民主主义论》，马列著作《共产党宣言》、《左派幼稚病》、《两个策略》，党的文件《整顿三风文件廿二种》等。还出版《大众文艺小丛书》、《小二黑结婚》、《李有才板话》、《李家庄变迁》、《夫妻识字》、《兄妹开荒》等通俗文艺作品。

华北地区的斗争条件十分艰苦，一是在敌人严密封锁下，印刷材料奇缺。印刷厂的经理和工人们克服困难，自造打版机、浇版机，搜购铅、锡等材料制作铅字；又用云母粉和雁皮纸做原料，打出纸型；用蓖麻油和松烟造出油墨；用麻做成麻纸。二是日寇常来扫荡，书店要经常搬家。为了工作方便，工作人员每搬到一地，就打一套埋藏全部物资的窑洞，以便情况紧急时迅速隐蔽机器。他们又把铅字盘改小，用两匹牲口驮上字盘和一台小型印刷机，外加一部电台，在游击中坚持工作。1942年日寇出动3万兵力对华北根据地实行"铁壁合围"。在突围过程中，社长何云等27人牺牲或失踪。

1945年8月日本投降后，中共中央作出"向北发展，向南防御"的全国战略部署。10余万大军挺进东北，建立新的根据地。东北书店随之成立。这个书店同样担负报刊图书出版和发行双重任务。在3年多艰苦转战的环境中，共出版本版书700多种，外版书500多种。每种书的发行量少则数千册，多的达几十万册。其中最值得书店人员骄傲的是出版《毛泽东选集》东北版。"毛选"五卷本已于1944年5月，由邓拓主持，以晋察冀报社的名义首次出版过。东北版《毛泽东选集》仍定为五卷，由东北局宣传部部长凯丰负责，经中共中央审批定稿。其中毛泽东在 1947 年 12 月中共中央会议上所作的报告《目前的形势和我们的任务》一文，因收到文稿时版面已经排定，临时放在全书的前面，另编页码。为保证书的质量，书店选择设备最好的东北铁路印刷厂，使用当时最好的米勒机印制，纸张由东北石砚造纸厂特制，并新铸了全部所需铅字。排版格式、标题、正文用字都经过了反复研究。校对由书店领导同志亲自承担，做到没有一个错字。经过半年多工作，初版两万部正式发行。印刷厂的工人还用从缴获敌伪的物品中挑选出的最好的纸张，用皮革作封面，制出若干本特制精装本，专程送给毛泽东和其他中央领导人。

在解放区人民出版事业克服艰难困苦，不断发展的同时，国统区的出版业也曾试图摆脱专制的压迫和战争的创伤，恢复战前的繁荣。

1945 年 9 月，在抗日战争胜利所促发的民主思潮中，重庆新闻出版界发生了杂志"拒检运动"，《东方杂志》、《中学生》等 16 个杂志社集会，决定不再把原稿送交政府审查。此举很快得到成都等地同行的响应。国民党政府当局被迫宣布从当年 10 月 1 日起，取消图书和报刊新闻审查制度。不久，重庆、昆明、上海、广州、北平、成都等地的文化界人士和出版机构纷纷发表宣言、呼吁书，要求更加彻底地实现言论出版自由。1946 年初，重庆 35 家出版社和上海 37 家杂志社、出版社先后向政治协商会议提出争取出版自由的意见书，要求废止出版运，取消期刊登记、收复区检查、各类非法检扣及邮递限制。经过反复斗争，国民党不得不宣布废止《收复区管理报纸杂志通讯社暂行办法》和其他有关审查法令。

1946 年，商务印书馆和中华书局的总管理处相继搬回上海。其后二三年内，商务出版了《新中学文库》400 余种，《新小学文库》第一集 50 余种，《国民教育文库》近 100 种。中华书局出版了《中华文库》，包括小学、初中、民众、小学教师 4 类，共四五百种，以及《中华少年丛书》、《新时代小丛书》等。生活书店、读书生活出版社与新知书店在抗战胜利后将各自的门市部加以合并，成立了统一的领导组织。同时在上海建立华夏书店、骆驼书店，在北平建立朝华书店，在广州建立兄弟图书公司，分别以隐蔽或公开的方式出版毛泽东的《新民主主义论》、《论联合政府》，艾思奇的《论〈中国之命运〉》，茅盾的《腐蚀》以及《贝多芬传》、《马克思传》、《约翰·克利斯朵夫》、《战争与和平》、《巴黎圣母院》等书籍。1947 年秋，三家书店的领导机构转移到香港。一年后在香港成立了三联书店总管理处，由黄洛峰担任临时管理委员会主席，徐伯昕任总经理。1949 年华北解放，三联书店迁回北平，成为新中国人民出版事业的一部分。

除上述几家书局、书店外，抗战胜利后，亚东、开明、世界、群益、海燕等一些老牌出版机构也纷纷复员。同时有上海出版公司、晨光出版公司、武汉联营书店等新的出版机构成立。此外，由国民党政府机关主办的正中书局、中国文化服务社、独立出版社等在这一时期也较为活跃。但是国民党政府为了消灭中共领导的人民力量，实现一党独裁统治，不理会人民渴望和平、安宁、自由、民主的要求。本来因八年抗日战争的消耗，国家的经济生活已十分艰难，出版事业面临同样的生存危机。1945年市场上纸张价格和出版书刊的工本费比战前上涨了数千倍，寄书邮资更上涨了5万倍。当时政府供应一些平价纸张，但只给那些官办或与政府有关的出版厂家，民营出版社只能购买比平价高出20倍的黑市纸张。战前出版业的税收，本来是考虑到文化事业与普通商业的不同，而采取照资本额计算的办法。但抗战结束前也改为和普通商业同样，照营业额征收，加重了出版社的负担。1946年6月，蒋介石悍然下令发动全面内战。此后，一方面国民党政府重新加紧了对新闻出版宣传的控制，查禁进步书刊，制造一系列事端，封闭书店，威胁、殴打、逮捕、杀害进步出版工作者。另一方面，由于军费开支大量增加，造成严重的通货膨胀和经济危机，出版成本不断上升，书刊销售量不断下降，使大批出版厂家很快陷入危机四伏、濒于破产的境地。

在三年解放战争中，解放区的出版事业经历一度缩减之后，随着大反攻中人民解放军的胜利进军，迅速发展起来。到中华人民共和国成立前夕，各解放区的新华书店已有总、分、支店700多个，职工8000余人。1949年2月，中共中央宣传部成立了以黄洛峰为主任委员，华应申、徐伯昕为副主任委员的出版委员会，根据中共中央的指示，着手筹备统一新华书店的工作。4月，成立了中共领导下的第一个大型国营书刊印刷厂——新华印刷厂。5～6月间，随着南京、上海的解放，国民党政府官办的正中书局、中国文化服务社等被人民政府接管。1949年10月3日，即新中国成立后的第三天，中宣部出版委员会召开了全国新华书店第一届出版工作会议。11月，中央人民政府成立了以胡愈之为署长，叶圣陶、周建人为副署长的出版总署。中宣部出版委员会改组为出版总署出版局，统一领导和管理全国的出版事业。与此同时，商务印书馆、中华书局等民营出版企业也开始在新政府的领导下整顿内部，建立学习制度。中国共产党领导下的人民出版事业从此揭开了新的篇章。

参考书目

1. 刘国钧著，郑如斯订补《中国书史简编》，书目文献出版社，1982。

2. 张召奎著《中国出版史概要》，山西人民出版社，1985。

3. 宋原放、李白坚著《中国出版史》，中国书籍出版社，1991。

4. 吉少甫主编《中国出版简史》，学林出版社，1991。

5. 汪家熔著《大变动时代的建设者——张元济传》，四川人民出版社，1985。

6. 郑逸梅著《书报话旧》，学林出版社，1983。

7. 《商务印书馆九十年》、《商务印书馆九十五年》，商务印书馆，1987、1992。

8. 《我与开明》，中国青年出版社，1985。

9. 《回忆中华书局》（上、下），中华书局，1987。

10. 张静庐辑注《中国近代出版史料》初、二编，《中国现代出版史料》甲、乙、丙、丁编，《中国出版史料》补编，群联出版社、中华书局，1953～1959。

《中国史话》总目录

系列名	序号	书名	作者	
物质文明系列（10种）	1	农业科技史话	李根蟠	
	2	水利史话	郭松义	
	3	蚕桑丝绸史话	刘克祥	
	4	棉麻纺织史话	刘克祥	
	5	火器史话	王育成	
	6	造纸史话	张大伟	曹江红
	7	印刷史话	罗仲辉	
	8	矿冶史话	唐际根	
	9	医学史话	朱建平	黄 健
	10	计量史话	关增建	
物化历史系列（28种）	11	长江史话	卫家雄	华林甫
	12	黄河史话	辛德勇	
	13	运河史话	付崇兰	
	14	长城史话	叶小燕	
	15	城市史话	付崇兰	
	16	七大古都史话	李遇春	陈良伟
	17	民居建筑史话	白云翔	
	18	宫殿建筑史话	杨鸿勋	
	19	故宫史话	姜舜源	
	20	园林史话	杨鸿勋	
	21	圆明园史话	吴伯娅	
	22	石窟寺史话	常 青	
	23	古塔史话	刘祚臣	
	24	寺观史话	陈可畏	

系列名	序号	书名	作者
物化历史系列（28种）	25	陵寝史话	刘庆柱　李毓芳
	26	敦煌史话	杨宝玉
	27	孔庙史话	曲英杰
	28	甲骨文史话	张利军
	29	金文史话	杜　勇　周宝宏
	30	石器史话	李宗山
	31	石刻史话	赵　超
	32	古玉史话	卢兆荫
	33	青铜器史话	曹淑芹　殷玮璋
	34	简牍史话	王子今　赵宠亮
	35	陶瓷史话	谢端琚　马文宽
	36	玻璃器史话	安家瑶
	37	家具史话	李宗山
	38	文房四宝史话	李雪梅　安久亮
制度、名物与史事沿革系列（20种）	39	中国早期国家史话	王　和
	40	中华民族史话	陈琳国　陈　群
	41	官制史话	谢保成
	42	宰相史话	刘晖春
	43	监察史话	王　正
	44	科举史话	李尚英
	45	状元史话	宋元强
	46	学校史话	樊克政
	47	书院史话	樊克政
	48	赋役制度史话	徐东升

系列名	序号	书名	作者
制度、名物与史事沿革系列（20种）	49	军制史话	刘昭祥　王晓卫
	50	兵器史话	杨毅　杨泓
	51	名战史话	黄朴民
	52	屯田史话	张印栋
	53	商业史话	吴慧
	54	货币史话	刘精诚　李祖德
	55	宫廷政治史话	任士英
	56	变法史话	王子今
	57	和亲史话	宋超
	58	海疆开发史话	安京
交通与交流系列（13种）	59	丝绸之路史话	孟凡人
	60	海上丝路史话	杜瑜
	61	漕运史话	江太新　苏金玉
	62	驿道史话	王子今
	63	旅行史话	黄石林
	64	航海史话	王杰　李宝民　王莉
	65	交通工具史话	郑若葵
	66	中西交流史话	张国刚
	67	满汉文化交流史话	定宜庄
	68	汉藏文化交流史话	刘忠
	69	蒙藏文化交流史话	丁守璞　杨恩洪
	70	中日文化交流史话	冯佐哲
	71	中国阿拉伯文化交流史话	宋岘

系列名	序号	书 名	作 者
思想学术系列（21种）	72	文明起源史话	杜金鹏　焦天龙
	73	汉字史话	郭小武
	74	天文学史话	冯　时
	75	地理学史话	杜　瑜
	76	儒家史话	孙开泰
	77	法家史话	孙开泰
	78	兵家史话	王晓卫
	79	玄学史话	张齐明
	80	道教史话	王　卡
	81	佛教史话	魏道儒
	82	中国基督教史话	王美秀
	83	民间信仰史话	侯　杰
	84	训诂学史话	周信炎
	85	帛书史话	陈松长
	86	四书五经史话	黄鸿春
	87	史学史话	谢保成
	88	哲学史话	谷　方
	89	方志史话	卫家雄
	90	考古学史话	朱乃诚
	91	物理学史话	王　冰
	92	地图史话	朱玲玲

系列名	序号	书名	作者
文学艺术系列（8种）	93	书法史话	朱守道
	94	绘画史话	李福顺
	95	诗歌史话	陶文鹏
	96	散文史话	郑永晓
	97	音韵史话	张惠英
	98	戏曲史话	王卫民
	99	小说史话	周中明　吴家荣
	100	杂技史话	崔乐泉
社会风俗系列（13种）	101	宗族史话	冯尔康　阎爱民
	102	家庭史话	张国刚
	103	婚姻史话	张　涛　项永琴
	104	礼俗史话	王贵民
	105	节俗史话	韩养民　郭兴文
	106	饮食史话	王仁湘
	107	饮茶史话	王仁湘　杨焕新
	108	饮酒史话	袁立泽
	109	服饰史话	赵连赏
	110	体育史话	崔乐泉
	111	养生史话	罗时铭
	112	收藏史话	李雪梅
	113	丧葬史话	张捷夫

系列名	序号	书　名	作　者	
近代政治史系列（28种）	114	鸦片战争史话	朱谐汉	
	115	太平天国史话	张远鹏	
	116	洋务运动史话	丁贤俊	
	117	甲午战争史话	寇　伟	
	118	戊戌维新运动史话	刘悦斌	
	119	义和团史话	卞修跃	
	120	辛亥革命史话	张海鹏	邓红洲
	121	五四运动史话	常丕军	
	122	北洋政府史话	潘　荣	魏又行
	123	国民政府史话	郑则民	
	124	十年内战史话	贾　维	
	125	中华苏维埃史话	温　锐	刘　强
	126	西安事变史话	李义彬	
	127	抗日战争史话	荣维木	
	128	陕甘宁边区政府史话	刘东社	刘全娥
	129	解放战争史话	朱宗震	汪朝光
	130	革命根据地史话	马洪武	王明生
	131	中国人民解放军史话	荣维木	
	132	宪政史话	徐辉琪	付建成
	133	工人运动史话	唐玉良	高爱娣
	134	农民运动史话	方之光	龚　云
	135	青年运动史话	郭贵儒	
	136	妇女运动史话	刘　红	刘光永
	137	土地改革史话	董志凯	陈廷煊
	138	买办史话	潘君祥	顾柏荣
	139	四大家族史话	江绍贞	
	140	汪伪政权史话	闻少华	
	141	伪满洲国史话	齐福霖	

系列名	序号	书名	作者
近代经济生活系列（17种）	142	人口史话	姜涛
	143	禁烟史话	王宏斌
	144	海关史话	陈霞飞　蔡渭洲
	145	铁路史话	龚云
	146	矿业史话	纪辛
	147	航运史话	张后铨
	148	邮政史话	修晓波
	149	金融史话	陈争平
	150	通货膨胀史话	郑起东
	151	外债史话	陈争平
	152	商会史话	虞和平
	153	农业改进史话	章楷
	154	民族工业发展史话	徐建生
	155	灾荒史话	刘仰东　夏明方
	156	流民史话	池子华
	157	秘密社会史话	刘才赋
	158	旗人史话	刘小萌
近代中外关系系列（13种）	159	西洋器物传入中国史话	隋元芬
	160	中外不平等条约史话	李育民
	161	开埠史话	杜语
	162	教案史话	夏春涛
	163	中英关系史话	孙庆

系列名	序号	书名	作者	
近代中外关系系列（13种）	164	中法关系史话	葛夫平	
	165	中德关系史话	杜继东	
	166	中日关系史话	王建朗	
	167	中美关系史话	陶文钊	
	168	中俄关系史话	薛衔天	
	169	中苏关系史话	黄纪莲	
	170	华侨史话	陈 民	任贵祥
	171	华工史话	董丛林	
近代精神文化系列（18种）	172	政治思想史话	朱志敏	
	173	伦理道德史话	马 勇	
	174	启蒙思潮史话	彭平一	
	175	三民主义史话	贺 渊	
	176	社会主义思潮史话	张 武 张艳国 喻承久	
	177	无政府主义思潮史话	汤庭芬	
	178	教育史话	朱从兵	
	179	大学史话	金以林	
	180	留学史话	刘志强	张学继
	181	法制史话	李 力	
	182	报刊史话	李仲明	
	183	出版史话	刘俐娜	
	184	科学技术史话	姜 超	

系列名	序号	书名	作者
近代精神文化系列（18种）	185	翻译史话	王晓丹
	186	美术史话	龚产兴
	187	音乐史话	梁茂春
	188	电影史话	孙立峰
	189	话剧史话	梁淑安
近代区域文化系列（一种）	190	北京史话	果鸿孝
	191	上海史话	马学强　宋钻友
	192	天津史话	罗澍伟
	193	广州史话	张磊　张莘
	194	武汉史话	皮明麻　郑自来
	195	重庆史话	隗瀛涛　沈松平
	196	新疆史话	王建民
	197	西藏史话	徐志民
	198	香港史话	刘蜀永
	199	澳门史话	邓开颂　陆晓敏　杨仁飞
	200	台湾史话	程朝云

《中国史话》主要编辑
出版发行人

总 策 划	谢寿光	王　正	
执行策划	杨　群	徐思彦	宋月华
	梁艳玲	刘晖春	张国春
统　　筹	黄　丹	宋淑洁	
设计总监	孙元明		
市场推广	蔡继辉	刘德顺	李丽丽
责任印制	岳　阳		